JILPT　資料シリーズ　No.211
2019 年 3 月

フランス労働法改革の意義と
労使関係への影響

独立行政法人　労働政策研究・研修機構
The Japan Institute for Labour Policy and Training

ま　え　が　き

　現代日本においては、労働法制上は労働組合が使用者ないし使用者団体と締結する労働協約が使用者の定める就業規則に優越する法規範として位置づけられている。にもかかわらず、企業別組合中心の労働社会においてその存在感は希薄である。そして、過半数組合ないし過半数代表者の意見を聴取するとはいえ、使用者の一方的決定による就業規則が法規範の中心的存在となっている。菅野和夫『新・雇用社会の法』が、就業規則を「雇用関係の基本的規範」と呼ぶように、規範としての労働協約の影は極めて薄い。

　これに対し、欧州諸国では全国レベルや産業レベルで労働組合と使用者団体との間で締結される労働協約が国家法と企業レベルを媒介する重要な法規範として労働社会を規制しており、その位置づけは極めて高いものがあるといわれている。その典型的な諸国としては、ドイツ、フランスおよびスウェーデンが挙げられる。こうしたマクロ社会的な労使の自治規範がほとんど存在しない日本においては、ミクロな企業レベルを超える問題は直ちに国家法の問題となるため、例えば労働時間問題などにおいても、過度に法律政策に依存したものになりがちとの指摘もある。

　もっとも近年は、これら諸国においても事業所協定や企業協約への分権化の傾向が指摘されており、産業別協約がどの程度規範としての力を保持しているのか、関心を呼んでいるところである。

　そこで、労働政策研究・研修機構では、第三期プロジェクト研究において、産業レベルの労働協約が中心である欧州諸国、具体的にはドイツ、フランスおよびスウェーデンを対象として、現代先進諸国における規範設定に係る集団的労使関係のあり方について調査研究を行い、これらの諸国における、国、産業レベルの団体交渉、労働協約とその拡張適用、企業や事業所レベルにおける労働組合ないし従業員代表機関との協議交渉や協定等について明らかにしてきた。

　本資料シリーズにおいては、上記研究に継続するものとして、2016 年に成立したエル・コムリ法、そして翌年のマクロン新政権の下で行われた労働法改革について、従前フランスにおいて行われてきた労使関係政策の展開を踏まえつつ、その意義を明らかにするとともに、労使関係への実際的な影響について明らかにした。

　本資料シリーズが多くの人々に活用され、今後の労働法政策に関わる政策論議に役立てば幸いである。

2019 年 3 月

独立行政法人　労働政策研究・研修機構

理事長　　樋　口　美　雄

執筆担当者

氏　名	所属	
細川　良	労働政策研究・研修機構　副主任研究員	第1章 第1〜3節、第3章
小山　敬晴	大分大学経済学部　講師	第1章 第4節
古賀　修平	宮崎産業経営大学　講師	第2章

※資料の翻訳は上記執筆担当者3名の共同作業による

目　　次

まえがき

はじめに ……………………………………………………………………………… 1

第1章　労使関係の集団的規範設定システムにかかる法改革 ………………… 4

第1節　はじめに ……………………………………………………………… 4

第2節　フランスの伝統的な集団的労使関係システムの特徴とその展開 ……… 4

 1　労働協約の拡張適用制度と有利原則 …………………………………… 4

 2　代表的労働組合 …………………………………………………………… 7

第3節　フランスの労使関係システムにかかる 1980 年代以降の法政策の展開 … 7

 1　義務的交渉事項の法定化とその影響 …………………………………… 8

  （1）義務的交渉事項に関する法政策の展開 ……………………………… 8

  （2）義務的交渉事項の法定化およびその拡大の影響 ………………… 9

 2　労働組合支部がない企業における労使対話の促進 ………………… 11

  （1）労働組合支部がない企業における労使対話促進政策の展開 ………… 11

  （2）労働組合支部がない企業における労使対話促進政策の意義 ……… 12

 3　有利原則の修正 ………………………………………………………… 13

  （1）経緯 …………………………………………………………………… 13

  （2）有利原則の修正 ……………………………………………………… 13

  （3）改革の意義と影響 …………………………………………………… 14

 4　代表的労働組合制度に関する改革 …………………………………… 16

  （1）背景 …………………………………………………………………… 16

  （2）2008 年法による改革 ……………………………………………… 17

  （3）改革の影響 …………………………………………………………… 17

第4節　マクロン政権による団体交渉制度に関する改革 …………………… 18

 1　はじめに ………………………………………………………………… 18

 2　オルドナンスまでの状況 ……………………………………………… 18

  （1）戦後の労使関係法制の機能不全とその改革 ……………………… 18

  （2）フレキシキュリティ政策の推進 …………………………………… 20

 3　マクロン政権による改革 ……………………………………………… 21

  （1）団体交渉の位置づけ ………………………………………………… 21

   ア　企業協定と産別協約との関連性 ………………………………… 21

    （ア）産別協約の優越領域 ………………………………………… 21

（イ）産別協約の任意的優越領域 ・・・・・・・・・・・・・・・・・・・・・・・・・・・・・・・・ 22

（ウ）企業協定の優越領域 ・・・・・・・・・・・・・・・・・・・・・・・・・・・・・・・・・・・・・・ 23

イ　企業協定と労働契約との関係 ・・・・・・・・・・・・・・・・・・・・・・・・・・・・・・ 23

（2）団体交渉実施条件の整備 ・・・・・・・・・・・・・・・・・・・・・・・・・・・・・・・・・・・・ 24

ア　中小企業における団体交渉方式 ・・・・・・・・・・・・・・・・・・・・・・・・・・ 24

（ア）11 人未満の企業 ・・・・・・・・・・・・・・・・・・・・・・・・・・・・・・・・・・・・・・・ 25

（イ）11 人以上 50 人未満の企業 ・・・・・・・・・・・・・・・・・・・・・・・・・・・・ 26

（ウ）50 人以上の企業 ・・・・・・・・・・・・・・・・・・・・・・・・・・・・・・・・・・・・・・・ 27

（エ）労使対話分析・支援センター

〔L'Observatoire d'analyse et d'appui au dialogue social〕の創設 ・・・・・・ 27

イ　労働協約 ・・・ 28

（ア）締結方式 ・・・ 28

a　原則 ・・ 28

b　過半数に達しない協定（accord minoritaire）・・・・・・・・・・・・・・ 28

（イ）協約の安定化＝非紛争化（オルドナンス 4 条）・・・・・・・・・・・・ 29

a　提訴期間縮減（L2262-14 条）・・・・・・・・・・・・・・・・・・・・・ 29

b　協約適法性の単純推定（L2262-13 条）・・・・・・・・・・・・・・ 29

c　無効判決の効果の時間的調整（L2262-15 条）・・・・・・・・・・ 29

（3）その他 ・・・ 30

ア　産業部門の再編の加速（オルドナンス 12 条）・・・・・・・・・・・・・・ 30

イ　義務的団交事項 ・・ 30

ウ　協約の拡張適用に関する新しい規則 ・・・・・・・・・・・・・・・・・・・・・・ 30

エ　労働法典改革のための委員会の廃止（オルドナンス 14 条）・・・・・ 31

第 2 章　雇用終了関係にかかる労働法改革の意義と影響 ・・・・・・・・・・・・・・・・・ 33

第 1 節　雇用終了法制の概要と改革の背景 ・・・・・・・・・・・・・・・・・・・・・・・・・・・ 33

1　解雇規制の歴史的展開 ・・・・・・・・・・・・・・・・・・・・・・・・・・・・・・・・・・・・・・ 33

2　雇用終了をめぐる近年の労働法改革とその背景 ・・・・・・・・・・・・・・・ 34

第 2 節　解雇法および労働契約終了一般の改革 ・・・・・・・・・・・・・・・・・・・・・・・ 35

1　解雇手続き ・・ 35

（1）解雇通知書のひな型 ・・・・・・・・・・・・・・・・・・・・・・・・・・・・・・・・・・・・・・ 36

（2）解雇理由を明確化するための機会 ・・・・・・・・・・・・・・・・・・・・・・・・・ 36

2　現実かつ重大な事由を欠く解雇（不当解雇）時の賠償金 ・・・・・・・ 37

（1）解雇の実体的要件と法的救済（制裁）の概要 ・・・・・・・・・・・・・・ 37

（2）近年の法改正の状況 ・・・・・・・・・・・・・・・・・・・・・・・・・・・・・・・・・・・・・・ 38

（3）2017年オルドナンスによる上限額の設定・下限額の引き下げ ……… 39

3　解雇無効原因と法的救済の方法 ……………………………………… 43

4　法定解雇補償金 ………………………………………………………… 44

5　労働契約の破棄に関する提訴可能期間（時効）…………………… 45

第3節　経済的理由による雇用終了 ………………………………………… 46

1　経済的解雇における経済的理由とその評価範囲 ………………… 46

（1）経済的理由 ………………………………………………………… 46

（2）経済的理由の評価範囲 ………………………………………… 47

2　経済的解雇における使用者の再配置義務の検討範囲 ………… 48

3　協定型集団的合意解約の創設 …………………………………… 49

（1）移動休暇 ………………………………………………………… 49

（2）協定型集団的合意解約 ………………………………………… 50

ア　集団協定の締結にかかる手続き－団体交渉・行政機関への通知および審査

………………………………………………………………………… 51

イ　労働契約の破棄 ………………………………………………… 52

ウ　その他―地域雇用圏の再活性化への貢献 ………………… 52

おわりに　フランス労働法改革の意義と労使関係への影響 ……………… 53

1　労働法改革の内容 ………………………………………………… 53

（1）集団的規範設定システムの改革 ……………………………… 53

（2）労働契約の終了に関する法制度の改革 …………………… 55

2　労働法改革による労使関係への影響 ………………………… 56

資　料　編

Ⅰ　団体交渉の強化に関する2017年9月22日のオルドナンス第1385号（抄訳）… 61

Ⅱ　労働関係の予測可能性と安定化に関する2017年9月22日のオルドナンス1387号
（抄訳）………………………………………………………………… 81

はじめに

　現代の日本においては、集団的な労働条件の決定（規範の設定）について、労働組合法（以下、労組法）により、労働協約が就業規則に優越する法規範として位置づけられている（労働基準法 92 条）。にもかかわらず、企業別組合が中心となっている中で、労働協約の存在感は必ずしも濃いものとはいえず、使用者が定める就業規則が、集団的な労働条件の決定（規範の設定）において中心的な存在となっている。これに対し、フランス、ドイツ等の欧州諸国においては、産業レベル（全国レベル）で締結される労働協約が、伝統的に、国家法と企業レベルを媒介する重要な規範として労働社会を規制してきたとされている。

　もっとも、近年においては、欧州諸国においても、フランスにおいては企業別協約への、ドイツにおいては事業所協定への、集団的労働条件決定（規範設定）にかかる、いわゆる「分権化」の動きが生じているとの指摘も存在するところである。

　他方、日本においては、労働者の就労形態の多様化を踏まえた上での集団的労使関係の再構築、あるいは法律による画一的な規制によらず、労使関係の実情に合わせた集団的な労働条件の決定（規範の設定）を担うこと等を視野に、従来の労働組合による団体交渉を通じた枠組みとは別に、従業員代表制度の構築がしばしば提言されているところである。

　このような状況を鑑みるに、日本とは異なり、伝統的に産業別労働協約が集団的な労働関係規範の設定において中心的な役割を果たしてきたとされる欧州諸国において、それがどのような歴史的・社会的な背景のもとに成立し、どのような制度設計のもとで運営され、他方で、近年そこで生じてきているとされる企業レベルでの労働条件決定への動きが、どのように生じてきているのかを実証的に分析することは、これからの日本の労働社会における、集団的な労働条件決定（規範設定）のあり方を考察する上で、不可欠な素材となるものと考えられる。

　そこで、我々は、第三期中期計画において、プロジェクト研究「規範設定に係る集団的労使関係のあり方研究プロジェクト」の一環として、「現代先進諸国の労働協約システム（独・仏・スウェーデン）」の研究に取り組んできた。そして、フランスにかかる上記研究の成果については、細川良『現代先進諸国の労働協約システム－ドイツ・フランスの産業別協約－（第2巻　フランス編）』（労働政策研究報告書 No.157-2）、同『現代先進諸国の労働協約システム－フランスの企業別協約』（労働政策研究報告書 No.178、2015 年）、西村純＝山本陽大＝細川良『現代先進諸国の労働協約システム－まとめと論点』（労働政策研究報告書 No.184、2016年）、細川良『現代先進諸国の労働協約システム（フランス）』（労働政策研究報告書 No.197、2018 年）として取りまとめてきたところである。

　上記成果においては、フランスにおける伝統的な集団的労働条件の規範設定システムにお

いて、産業別労働協約（産業別労働協約および職種別労働協約をあわせた部門別協約）[1]を中心とした産業レベルにおける規範設定システムについて、その形成過程および社会的背景を明らかにするとともに、その法制度について詳細な検討を行った。同時に、フランスにおいてはとりわけ 1980 年代以降に発展してきた、企業レベルにおける集団協定および同協定にかかる団体交渉を中心とした規範設定システムについて、その法制度について詳細な検討を行うとともに、企業レベルの規範設定システムの発展過程およびそれがフランスの労使関係に与えた影響について、1980 年代以降の集団的労使関係、とりわけ労使交渉（労使対話）に関する法政策の展開を踏まえつつ、明らかにしてきた。

また、上記プロジェクト研究においては、フランスにおける解雇に関する法制度およびその実務についての包括的な検討を行い、その成果は、細川良＝古賀修平『フランスにおける解雇にかかる法システムの現状』（労働政策研究報告書 No.173、2015 年）としてとりまとめたところである。

ところで、フランスにおいては、1980 年代以降、とりわけ 2000 年代に入ってから継続的に試みられてきた集団的労使関係にかかる規範設定システムの改革に加え、2010 年代に入ってからのフランス経済の低調、および EU 等からの労働市場改革の要請などを背景に、集団的労使関係および解雇に関する法制度を中心とした、労働法の包括的な改革が目指されるようになり、一部の強力な反対を受けながらも、その成果は、労働、労使対話の現代化、および職業キャリアの安定化に関する 2016 年 8 月 8 日の法律（La loi n° 2016-1088 du 8 août 2016 relative au travail, à la modernisation du dialogue social et à la sécurisation des parcours professionnels）、いわゆるエル・コムリ法として成立した[2]。さらに、2017 年に誕生したマクロン大統領（Emmanuel Macron）による政権下では、2017 年 9 月 22 日のオルドナンス[3]により、さらなる大きな労働法改革がなされた。同改革については、2016 年のエル・コムリ法の延長にあるものとも、従来の改革の単なる延長線を超えた、従来のフランスの労働法システムを大きく変動させるものとも評価されている。そこで、本報告書においては、これら 2 つ

---

[1] フランスにおける集団的な規範設定（労働条件決定）の規範階層においては、産業別の労働協約および団体交渉と職種別の労働協約および団体交渉が、同一の規範階層にあるものとして、あわせて部門（branch）レベルでの規範設定機能を構成してきた。筆者としては、その意味で、このレベルの労働協約、団体交渉等の規範階層は、本来、産業別および職種別の規範設定システムを総称するものとして、「部門別」ないし「部門レベル」という用語が用いられるべきではないかと考えている。もっとも、この規範階層にかかる用語法としては、「産業別」という用語が定着していること、現在では職種別の労働協約および団体交渉は、フランスにおいても非常に限定的な職種のみをカバーするものとなっていることに鑑み、本報告書においては、以下「産業別」と「職種別」を包括するものとして、「産業別」という用語を用いることとする。

[2] この通称（loi El Khomri）は、同改正を主導した Myriam El Khomri 労働大臣の名を取ったものである（フランスにおいては、法律の通称に、当該法律の成立を主導した人物の名が冠されることが多い。なお、一般にはこの法律について、「Loi Travail」との通称が与えられることも少なくない）。

[3] 行政権によって発せられる命令の一種。フランスにおいては、1958 年憲法 34 条により、議会による立法権に服する法律事項と、行政により法規範を制定できる命令事項が区分され、後者については行政権による規則の制定が可能とされる。また、法律事項であっても、議会による授権がなされれば、これにもとづいて行政が法規範を制定することが可能になる。マクロン大統領による 2017 年の労働法改革は、この授権法律を用いる方法によってなされた（参考：中村紘一＝新倉修＝今関源成監訳『フランス法律用語辞典（第 3 版）』（三省堂、2012 年）、山口俊夫編『フランス法辞典』（東京大学出版会、2002 年））。

の大きな法改正[4]を中心に、2016年以降のフランスの労働法改革について検討するとともに、その労使関係に与える影響について考察を行う。なお、これらの一連の労働法改革の内容は非常に多岐にわたるものとなっているが、本報告書においては、その中でも特に重要と考えられる、集団的労使関係および労働協約システムに関する改革、および解雇法を中心とした雇用終了法制に関する改革を中心に検討を行なう。

　すなわち、以下では、フランスにおける労使関係の集団的規範設定システムにかかる法改革について、従来からの伝統的な規範設定システム、およびエル・コムリ法以前における法政策の展開を踏まえつつ、検討する（第1章）。次に、解雇法を中心とした雇用終了法制に関する改革（第2章）について、検討を行う。最後に、これらの法改革がフランスにおける実際の労使関係に与える影響を考慮しつつ、本改革の意義と影響についてまとめをおこなう。

---

[4] 上記した2016年9月22日のオルドナンスは、その後法律化されたうえで2017年1月1日以降、順次実施されている。

第1章　労使関係の集団的規範設定システムにかかる法改革

第1節　はじめに

　本章では、先に記したように、フランスにおける 2016 年のエル・コムリ法以降の労働法改革について、その集団的規範設定システムにかかる改革の意義について検討することを目的とする。もっとも、検討にあたっては、改革に至るまでの歴史的文脈を確認する必要がある。そこで、本章では、その検討対象である集団的労使関係にかかわるシステムについて、従来の伝統的な仕組みとその特徴を確認する（第2節）とともに、エル・コムリ法以前における法政策の展開について、その概要を確認する（第3節）。その上で、エル・コムリ法以降の改革の内容とその意義について、検討を行う（第4節）。

第2節　フランスの伝統的な集団的労使関係システムの特徴とその展開

　フランスにおける伝統的な集団的労使関係システムは、産業レベルの労働協約および団体交渉が中心的な機能を果たすという点においては、他の欧州諸国と類似するシステムを形成してきた。しかし、他の欧州諸国に比べ、労働組合の組織力が非常に弱いこと、またその歴史的・社会的背景から、極めて特徴的なシステムを形成してきている。本節においては、以下、労働協約および団体交渉を中心としたフランスの労使関係における伝統的な集団的規範設定システムの概要を確認する。

1　労働協約の拡張適用制度と有利原則

　フランスの労使関係システムについて最も大きな特徴の1つとしてしばしば指摘されるのは、労働組合の組織率が 8%弱[5]と非常に低いにもかかわらず、労働協約[6]の適用率が 90%を超える非常に高い水準を保っているという点である。こうした背景もあり、他の欧州諸国に

---

[5] 公共部門において約 14%、民間部門においては 5%弱と言われている。

[6] なお、フランスにおいては、広義の労働協約（convention collective）の中に、狭義の労働協約（convention collective）と集団協定（accord collectif）という区分が存在する。法律上の定義においては、狭義の労働協約は「労働者の雇用条件、労働条件、および福利厚生条件の総体を決定することを目的とする」とされ、集団協定は特定の事項のみを対象とするものと区分されている。もっとも、両者はその締結の要件および効果という点で異なる点はなく、実務上・講学上も区別することなく convention collective また「労働協約」と呼称することが珍しくない。他方、後述するように、産業レベルで包括的な規範が設定され、主としてそれに上乗せされる形で、企業レベルで集団協定が締結されることが一般的であったという経緯から、産業レベルの労働協約・集団協定を総称して convention collective と呼称し、これと対置する形で企業レベルの集団協定 accord collectif と呼称されることが少なくない。そこで、本稿では便宜上、狭義の convention collective と accord collectif を総称するものとして、「労働協約」と呼称することがある。なお、明確に企業レベルの集団協定をさす場合には、「集団協定」、または単に「協定」という用語を、また明確に産業レベルの労働協約をさす場合には、「産業別労働協約」という用語を用いることとする。

−4−

比べて伝統的に労働組合の組織力が弱いとされ、また長期的な組織率の低落傾向、また労働組合の影響力の低下傾向もみられるとはいえ、フランスの労働組合は、労使関係におけるプレゼンスにおいて今なお一定の地位を保っていると評価されている。

フランスにおける労働協約の適用に関する特徴は、労働協約の本来的な適用範囲にかかるものと、産業別労働協約に認められた拡張適用の制度に整理される。

すなわち、労働組合が使用者と労働協約を締結したという場合、多くの先進諸国においては、その適用範囲について、当該協約を締結した労働組合の組合員と定めるのが一般的であろう。たとえば、日本においては、労働協約は原則として当該協約を締結した労働組合の組合員に対してのみ規範的効力が及ぶとされている（労組法16条）。例外として、事業場単位の一般的拘束力（労組法17条）および地域単位の一般的拘束力（労組法18条）制度が存在するものの、広く普及しているとは言い難い[7]。また、他の欧州諸国を見た場合でも、たとえばドイツにおいては、労働協約は原則として労働組合員に対してのみ協約の拘束力（労働協約法3条）・規範的効力（同法4条）が及ぶとされている[8]。

これに対し、フランスにおいては、そもそも労働協約が締結された場合には、当該協約に署名した使用者が雇用する（非組合員を含む）すべての労働者に対して及ぶ（労働法典L.2254-1条）とされていて、適用範囲が組合員に限られないことが基本となっている点に大きな特徴があり、日本などとは大きく異なる制度となっている。もっとも、実務上は、日本においては労働協約が締結された場合、就業規則を当該労働協約が定める内容に即して変更することが一般的であろう[9]し、ドイツにおいても、援用条項などによって、非組合員に対しても労働協約が定める労働条件の（間接的な）適用が行われることが多いとされ、労働協約の実質的な効力範囲は、単純に労働組合の組合員のみ限定されるというわけではなく、相応の射程を有しているようである。

その意味で、フランスの労働協約の適用にかかる特徴として実質的により重要なのは、産業別労働協約の拡張適用制度である。すなわち、フランスにおいては、産業別労働協約に法が定める所定の条項が含まれていることを条件に[10]、①労使同数委員会において協約の内容が交渉され、拡張適用手続を行う旨を労使が合意すること、②当該協約について、団体交渉全国委員会によりその内容が合理的であるとの意見が付されること、という手続きを経て[11]、労働大臣が拡張適用の手続を実施する。この拡張適用手続が実施された産業別労働協約は、

---

[7] 特に後者についてはほとんど実例がないのが実態であろう。

[8] ただし、例外として、後述するフランスにおける産業別労働協約の拡張適用制度と類似する、一般的拘束力宣言制度（労働協約法5条）が設けられており、一定程度、こうした拡張適用の制度が普及している点で、フランスの労働協約システムとの共通点も存在する。

[9] 他方フランスにおいては、日本と同じく使用者は就業規則の制定権を有するが、その規律の対象は、安全衛生および懲戒に関する規定のみであり、賃金・労働時間等の労働条件に関する規定はできないとされる。すなわち、フランスにおいては、就業規則は主として懲戒処分の根拠および手続規定として機能するにとどまり、実質的な労働条件設定機能は無い。

[10] 労働法典L.2261-22条。

[11] 労働法典L.2261-24条。

当該協約に署名した使用者ないし使用者団体、また労働組合への加入の有無にかかわらず、当該協約に定められている適用範囲に含まれるすべての労働者および使用者に対して、強行的に適用されることになる。実際、フランスの産業レベルの労使は、大半が所定の条項を含む形で労働協約を締結したうえで、拡張適用の手続に付しており、これによって、90％を超える労働者が、少なくとも産業別協約によってカバーされる状態が作られている。すなわち、フランスの労働協約は、当該協約に署名した労働組合に加入していない、いわゆる非組合員および他組合員にもその効力が及ぶという特徴を有し、これにより、協約によってカバーされる労働者の範囲が広く保たれることとなっている。

　フランスの伝統的な労働協約システムにおけるもう1つの大きな特徴が、いわゆる「有利原則（principe de faveur）」である。フランスにおける有利原則とは、一般に「労働者の地位は、異なる規範が抵触する場合には、そのうち最も有利なものによって規律される」というものである[12]と説明される。その帰結として、（主として企業レベルの）「集団協定は、法律および行政立法あるいはより広い射程を有する労働協約[13]に対しては、労働者にとってより有利な方向にしか、適用除外することを認めることはできない」[14]とするのである。そして、この原則は、文言からもわかる通り、異なる規範の競合（法律－労働協約－契約）の場合のみならず、労働協約の競合の場合にも認められる（より高い交渉レベルの労働協約で定められた最低限の基準は、より低い交渉レベルの協約による場合、労働者に有利な方向にしか修正することができない）とされてきた。

　加えて、フランスにおける労働に関する伝統的な規範設定システムを論ずる上では、（いわゆる労使自治（tarifautonomie）の伝統を有するドイツとは異なり）、伝統的に法律こそが規範設定の中心を担ってきた点も指摘する必要がある。そのことは、上記の通り規範設定の階層において法律が頂点に立っているということはもとより、実際の産業別協約あるいは企業別協定の内容を見ても、その多くが法律の規定をそのまま引き写した条項が少なくないことからも伺える。その結果、フランスの労働法典は、極めて詳細かつ大部なものとなっている。

　こうして、上記の産業別労働協約の拡張制度および有利原則が相まって、フランスにおいては、法律－（全国職際協定[15]）－産業別協約－企業別協定（事業所協定）[16]－労働契約という規範の階層性が形成されてきた。そして、法律および部門別協約が、集団的労働条件規範

---

[12] Soc. 17 juil. 1996, B. civ. Ⅴ, n°196 et 297, Dr. soc. 1996. 1049, concl. P. Lyon-Caen, obs. J. Savatier, Grands arrêts, 4ᵉ éd., 2008, n°180 ; CE 27 juil. 2001, (Féd. nat. des transports FO), RJS 1/02, n° 107, chron. Bocquillon.

[13] 典型的には、産業別労働協約。

[14] CC 29 avr. 2004, Déc. 2004-494 DC, §9.

[15] 部門および地域を超えて、労使のナショナルセンター間で締結される協定。結果的に、フランスにおけるほぼすべての事業所の労働者に適用されることとなり、多くの場合には、その内容が立法化されることとなる。賃金などの労働条件に関わるものというより、社会保険制度、職業教育、雇用対策などの労働市場政策、社会政策に関する内容が定められることが一般的である。

[16] なお、企業別協定が法認されたのは、企業内労働組合支部の設置が認められた 1970 年代以降のことであり、企業別協定が積極的に締結されるようになったのは、（一部の企業を除き）後述する 1980 年代初頭のオルー改革以降である。

を定める上での中心的な役割を果たしてきたのである。

2　代表的労働組合

1で述べた通り、フランスにおいては、締結された労働協約の規定は、原則として、当該組合員のみならず、当該協約に署名した使用者に雇用されるすべての労働者に適用される。ただし、フランスにおいては、労働協約が効力を有するためには、代表的労働組合が署名を行うことが必要とされている。すなわち、労働法典は、労働協約の労働者側の当事者について、「協約あるいは協定の適用領域における一または複数の代表的組合組織」と規定している[17]。フランスにおいては、（日本のように「労働組合」であれば無条件に労働協約を締結できるというわけではなく）「代表的労働組合」と認められた組合だけが、労働協約に署名し、これを締結する能力を有するとされているのである。これは、フランスにおいては、労働組合が、前述したように「構成員（組合員）」の利益を代表する存在ではなく、全ての労働者の利益を代表するある種の公的な存在であり、締結された労働協約が「職業の法 (loi de professionnelle)」としての性格を有すると考えられていることと密接に関係している。

　この「代表的労働組合」と認められるための指標については、かつては、①組合員数、②独立性、③収入、④組合としての経験および年数、⑤占領期における愛国的態度とされていた。もっとも、実際には 1966 年に CGT（Confédération Générale du Travail：労働総同盟）、CFDT（Confédération Française Démocratique du Travail：仏民主労働総同盟）、CGT-FO（Force Ouvrière：労働者の力）、CFE-CGC（Confédération française de l'Encadrement- Confédération Générale des Cadres：管理職総同盟）、CFTC（Confédération Française des Travailleurs Chrétiens：仏キリスト教労働者総同盟）という5つの組合（いわゆる五大労組と呼ばれる）が代表性を認められ、長らくこの五大労組が団体交渉および労働協約の締結を主導してきた[18]。

第3節　フランスの労使関係システムにかかる 1980 年代以降の法政策の展開

　フランスでは、1980 年代初頭のいわゆるオルー改革以降、集団的労使関係システムにかかる改革が続けられてきた。本報告書において検討の対象とする 2016 年以降の労働法改革が、これら 1980 年代以来の改革の延長線上にあるものと言えるのか、それともそれらをも超えた労働法システムの大転換と評価できるのか、この点についてはのちに検討することとして、ここでは、上記検討の前提となる 1980 年代からエル・コムリ法以前の集団的労使関係システムに関する改革を整理しておく。1980 年代からエル・コムリ法に至るまでの集団的労使関係システムの改革は、大きく、義務的交渉事項の法定化（1）、労働組合のない企業における労

---

[17] 労働法典 L.2231－1 条。
[18] ただし、この労働組合の代表性をめぐっては、2008 年に大きな改革が行われている。この点については2で後述する。

－7－

使対話の促進（2）、有利原則の修正（3）、労働組合の代表性にかかる改革（4）の4つに整理できる。

1　義務的交渉事項の法定化とその影響

（1）義務的交渉事項に関する法政策の展開

　1980年代からの集団的労使関係システムに関する法政策の第一の柱は、義務的交渉事項の法定化とその強化である。

　まず、オルー改革の一環である1982年11月13日の法律は、産業レベルおよび企業レベルのそれぞれについて、代表的労働組合との団体交渉義務を定めた。特に、企業レベルについては、企業内に代表的労働組合が存在する場合、基本的な労働条件である実質賃金および労働時間制度について、毎年団体交渉を実施することを義務付けた。上述のとおり、伝統的にフランスにおいては産業レベルの交渉・協約が集団的規範設定システムの基礎として設計されており、企業・事業所レベルにおける交渉および協定には副次的な位置付けしか与えてこなかった。加えて、フランスの使用者が伝統的に労働組合の企業内への侵入を強く嫌う傾向にあったことの帰結として、企業レベルの交渉・協約はほとんどといっていいほど存在しなかった[19] [20]。オルー改革は、このような状況の中で、企業レベルでの団体交渉を活性化させるための法政策の嚆矢となったという点で重要である。

　この1982年法によって初めて法定化された義務的交渉事項は、その後、度重なる改正により、その適用範囲が拡大されており、現在では以下のように整理されている。

　第一に、毎年交渉することが義務付けられる年次交渉事項は、1982年法により定められて以降変化はない。すなわち、実質賃金、実労働時間、および労働時間の体系が、年次交渉事項とされている。ただし、その後の判例により、交渉義務の範囲が広がりを見せている。判例によれば、実質賃金に関する事項については、個々の労働者の個別の賃金を対象とするものではないものの、基本給のみならず、手当等もその射程に含まれるほか、一定数の従業員の賃金額に影響をもたらしうるような事項についてまで幅広く含まれるとされる[21]。

　第二は、当該企業において協約が締結されるまでの間、毎年交渉することが義務付けられる事項である。ここには、男女間の職業上の平等に関する目標およびその達成のための措置、障害を有する労働者の雇用に関する事項、疾病扶助の実施、利益参加・経済的利益参加・企業貯蓄制度の実施が含まれる。このうち、男女間の職業上の平等に関する事項および障害を

---

[19] 企業内に労働組合の支部を設置することが認められるようになり、企業レベルの労働協約の締結が正面から認められるようになったのは、いわゆる五月革命を経た1970年代のことである

[20] もっとも、この時代において企業レベルの労使対話が一切存在しなかったかといえば、必ずしもそうではなく、ルノー公団に代表される国有部門において実施されていた団体交渉あるいは労働協約の締結が、フランスにおける労使交渉の先鞭をつける役割を果たしていたようである。この時期におけるフランスの団体交渉の動態については、松村文人「戦後フランス団体交渉の成立－1950年代における金属産業賃金交渉」日本労働協会雑誌29巻4号（日本労働協会、1987年）34頁以下等に詳しい。

[21] Soc. 28 nov. 2000, UAP, Bull. civ. V, n° 398.

有する労働者の雇用に関する事項は、協約が締結されて以降も、3年に一度、交渉を実施することが義務付けられている。

　第三は、大企業またはグループ企業[22]において、3年毎に交渉を実施することが義務付けられる事項である。ここには、主として企業の経営戦略およびそれによる雇用に対する影響に関する事項が定められている[23]。具体的には、GPEC（雇用能力予測管理）と呼ばれる、人材配置の適正化を目的とした人材の予測的管理を行う措置、具体的には当該企業等における職種等の需給予測にもとづく職業訓練、人員配置計画に関する事項のほか、職種ないし地理的異動に関する事項、職業訓練に関する事項、パートタイム労働・研修契約の利用見通し等に関する事項、下請企業の雇用等に影響する経営戦略に関する事項等が定められている。

　こうした義務的団交事項の法定化およびその内容の拡大に加え、これに関連する重要な近年の動向として、労働政策立法における協定ないし行動計画策定の義務付けという手法がしばしばとられていることを指摘する必要がある。すなわち、近年のフランスにおいては、一定の政策立法を定める際、その実現方法について、一定の期間内に労働協約を締結するか、またはこれに代わって使用者が行動計画を作成することを義務付け、これに違反した場合に、社会保障負担の減免の全部または一部を停止する等の経済的な制裁を課すという手法がしばしば用いられている。たとえば、労働所得のための2008年12月3日の法律は、組合代表委員が存在する企業において賃金に関する年次交渉義務を遵守しなかった場合、社会保障負担の軽減措置を削減ないし停止するという制裁を規定している。同様に、年金改革に関する2010年11月9日の法律は、従業員数50人以上の企業において、職業上の平等に関して、2012年1月1日までに企業別協定を締結するか、もしくは使用者が行動計画を策定することを義務付け、これに違反した場合に当該企業の賃金総額の1%を制裁金として課すことを定めている。このほか、2010年11月9日の法律も、「労働における苦痛」に関する企業別協定の締結ないし行動計画の策定を義務付けている。こうした手法を通じて、当該事項についての労使対話を促すという効果が期待されたのである。

（2）義務的交渉事項の法定化およびその拡大の影響

　こうした1980年代以降の団体交渉促進政策は、フランスにおける集団的労使関係システムにどのような影響をもたらしたか。結論から言えば、これらの政策は、フランスにおける企業レベルの交渉を大いに活性化させ、とりわけ大企業を中心に、産業別労働協約から自律した企業レベルの集団的規範設定を促すこととなった。すなわち、企業別協定の件数は、1980年代には約4,000件程度で推移していたのに対し、現在は約35,000件もの企業別協定が存在している。その背景には、1982年のオルー法が定めた実質賃金、労働時間等の年次交渉義務

---

[22] 300人以上の労働者が就業するか、またはEUレベルで活動する企業であってフランス国内において150人以上の労働者が就労する事業所を有する、企業または企業グループ。

[23] 労働法典L.2242－15条。

事項を中心とした義務的交渉事項の法定が存在すると解するべきであろう[24]。

その意味で、フランスにおける集団的規範設定における「分権化」は、後述する 2004 年のフィヨン法による有利原則の撤廃によって実現したというよりは、1980 年代のオルー改革による団体交渉促進政策によって、漸進的に広がっていったと評価するべきともいえる。

このように、総体的なレベルにおいての企業別交渉の「活性化」に加え、具体的な規範設定のレベルにおいてオルー法以降の改革がもたらした影響が非常に重要である。すなわち、企業別交渉の活性化により、産業別交渉において決定された総額賃金の値上げ幅について、その配分を企業レベルの交渉および協定によって決定することが進んだことによる影響である。

すなわち、オルー法以降におけるフランスにおいても、確かに産業別協約によって職業資格等級およびこれに対応する賃金等級が定められ、また各等級についての基準が定められている。そして、この産業レベルで定められた資格等級別の最低賃金は、まさしく「最低基準」としての機能を有するとともに、企業レベルでの交渉が活発に行われていない産業および企業においては、実質的には資格等級別の「標準」的な賃金表としての機能を果たしていると考えられる。他方で、オルー法以降、上記の通り大企業を中心として企業レベルでの交渉および企業別協定の締結が進んだ結果、こうした企業においては、実際には産業別労働協約が定めている条件からかなり乖離をした賃金システムが採用されている企業が少なくない。確かに、フランスの産業別協約においては、職務等級およびそれぞれの等級において要求される職務能力等が定義された上で、等級別の最低賃金が定められ、オルー法以降も、この職務等級の定義および各等級における最低賃金は、企業別協定によって逸脱することはできないとされている。しかし、企業レベルにおける実際にそれぞれの職務について、どの職業資格等級に設定をするのかという点については、実際には産業別協約で定められている基準の「解釈」を通じて、企業レベルでの決定にかなりの裁量の余地が付与されている。これに加え、産業別協約で定められているそれぞれの等級および段階の中で、さらに細かい区分を設定することが許容されている。こうして、オルー法以降の集団的規範設定システムの下では、具体的な賃金決定という点で見た場合、企業レベルでの決定に大きな裁量が与えられ、(産業別協約が定める等級表を逸脱してはならないという大枠は存在するとはいえ) 各企業がかなりの程度、独自の賃金体系を構築することも可能となったのである。

この結果、中小零細企業を中心に、企業内組合支部が存在しない、あるいは存在したとしても企業レベルでも交渉が活発でない企業においては、産業別協約が定める基準がそのまま適用されているケースが少なくない一方、大企業を中心とした企業レベルの交渉が活性化された産業／企業においては、オルー改革以降、次第に企業レベルでの独自の賃金システムが

---

[24] 筆者が実施した現地でのヒアリング調査においても、産業によってはオルー法以前から企業レベルでの賃金決定が普及していたものも存在するが、オルー法による交渉の義務化により企業レベルでの賃金に関する交渉が活発化したのは間違いないとの声が多く聞かれている。

−10−

形成されていくこととなったと考えられる。こうして、フランスにおける産業別労働協約は、まさしく当該産業における労働条件の「最低基準」を定めたものとしての色彩が強まる一方、個別企業における労働条件決定という視点からは、実質的に（後述する2004年のフィヨン法による有利原則の撤廃を待つまでもなく）「分権化」が進展していたと評価することができよう。

2　労働組合支部がない企業における労使対話の促進
（1）労働組合支部がない企業における労使対話促進政策の展開

　フランスにおける 1980 年代以降の労使対話促進政策において、義務的団交事項の法定およびその拡大とともに重要な柱となってきたのは、労働組合支部がない企業における労使対話の促進である。

　そもそもフランスにおいては、1968 年以前はそもそも企業内に組合支部を設置することが認められてこなかった。そして、企業内における組合支部の設置が認められるようになって以降も、とりわけ中小企業においては企業内組合支部の設置が進まず、労働組合との団体交渉という形での労使対話の実現が困難なものとなっていた。そこで、フランスの労働法政策は、とりわけ 1990 年代以降、こうした中小企業における労使対話を促進するための立法政策を試みている。

　この政策の中で、企業内組合支部が置かれていない企業における労使対話促進政策の中心となってきたのは、従業員の選挙によって選ばれた代表者、または労働組合に交渉を委任された労働者による労働協約の締結という手法である。すなわち、企業内に労働組合支部が存在しない場合、拡張適用された産業別協約によって定められた方式により、それによって認められた範囲内において、当該企業の従業員によって選ばれた代表者、または当該産業の代表的労働組合によって交渉を委任された労働者は、使用者との間で交渉を行い、労働協約を締結することが認められている。加えて、2008 年 8 月 20 日の法律により、一部の労働時間に関する規定など、一定の事項について、企業別協約によって法律上の規定を適用除外することが認められるようになったが、これらの事項については、上記の産業別協約による方式の設定の有無にかかわらず、以下の方法によって企業内組合支部がない企業にあっても適用除外のための協約を締結することが可能となっている。すなわち、第一は、企業委員会または従業員代表委員による協定の締結という方法[25]であり、第二は、当該産業における代表的労働組合に委任された労働者による協約の締結という方法[26]であり、第三は組合支部代表者

---

[25] 労働法典 L.2232－21 条。ただし、この方法による場合は、産業レベルの労使同数委員会の承認によって初めてその有効性が認められる。

[26] 労働法典 L.2232－34 条。ただし、この方法による場合は、当該企業における労働者の投票に付され、有効投票の過半数の賛成によって初めてその有効性が認められる。

（représentant de la section syndicale）[27]による協定の締結という方法[28]である。

（2）労働組合支部がない企業における労使対話促進政策の意義

1 で述べた義務的交渉事項の法定化に関する法政策が、フランスにおける団体交渉の活性化、ひいてはフランスの集団的規範設定システムに大きな影響をもたらしたこととは対照的に、企業内に労働組合支部が存在しない企業における交渉および協定の締結の促進政策については、その効果ははかばかしいものではないようである。前記したフランス労働省の統計によれば、2012 年に締結された企業別協定 38,799 件のうち、従業員を代表する者（企業委員会委員ないし従業員代表委員）による署名を通じて締結された件数は 7,489 件と、全体の約2 割を占めている。このように、従業員を代表する者による企業別協定の締結は、一定の数には達しているものの、やはり企業別協定の締結主体はあくまでも労働組合が中心である。加えて、筆者が労働省統計局（DARES）で実施したヒアリングで聞かれたところによれば、従業員を代表する者による署名を通じて締結された集団協定は、その大半が企業内賃金貯蓄（épargne salariale）、企業年金積立（plan d'epargne pour la retraite collectif）といった福利厚生等に関する協定で占められており、賃金および労働時間のような基本的労働条件の決定について、従業員を代表する者による署名を通じた協定の締結はほとんど見られないとのことであった。このことからは、労働組合支部が存在しない企業における労使対話の推進のための施策は、企業別協定の締結件数という視点から見た場合には、現状では有効な働きを示すには至っていないのが実情といえよう。

なお、これらの労働組合支部がない企業における労使対話促進政策について、エル・コムリ法以降の改革、とりわけマクロン政権下で成立した 2017 年 9 月 22 日のオルドナンスによる改革との対比を念頭に置いた場合、以下の点を指摘しておく必要がある。

エル・コムリ法以前の改革においては、労働組合支部がない企業において、（労働組合支部が存在しない以上）労働組合とは異なる主体が労働協約の（労働者側の）締結主体とされるが、その締結主体は、あくまでも従業員を代表する者という集団的な機関であり、かつその多くの手法について、（産業別）労働組合の統制下において実施することを前提とするものであった点である。これは、フランスにおける規範設定システムにかかる憲法規範との関係で重要である。すなわち、現在のフランスにおいて労働基本権を定める 1946 年の第四共和政憲法前文では、団結権（第 6 項）、争議権（第 7 項）[29]とともに、集団的な労働条件決定につい

---

[27] 組合支部代表者とは、新設であることなどの事情から、代表的労働組合と認められるための職場選挙を経ておらず、現時点では団体交渉に参加する権利を有さないが、次期の職場選挙において代表性を獲得することを目的として組合活動を行うことが認められるもののことを言う。この組合支部代表者にも、当該企業に代表的労働組合の組合支部が存在しない場合に限り、一定の範囲の協約の締結の可能性を認めることで、企業レベルでの労使対話の基礎を形成することを目的としている。

[28] L.2143-23 条。この方法による場合も、当該企業における労働者の投票に付され、有効投票の過半数の賛成によって初めてその有効性が認められる。

[29] なお、本報告書の内容に直接かかわることではないが、フランス 1946 年憲法における争議権は、あくまでも個人の権利として保障されている。その帰結として、争議の実施・参加は、「組合（員）」であることを必ずし

て「代表者を介して、労働条件の集団的決定および企業の経営へ参加」するという、いわゆる「参加権」が規定されている。すなわち、集団的労働条件決定については、あくまでも「代表者を介して」行うことが、憲法上定められているのである。もっとも、参加権はあくまでも個人の権利として定められていることから、団体交渉を行ない、労働協約を締結する権限についても、憲法規範の上で労働組合に独占的に付与されているものとは解されていない[30]点には留意する必要がある。

3　有利原則の修正

　オルー改革による団交事項の法定化からエル・コムリ法までにおいて、フランスにおける労使関係における規範設定システムに関する法政策で理論的にもっとも重要な意味を持つのは、2004 年のいわゆるフィヨン法および 2008 年法によって行われた有利原則の修正であろう。

（1）経緯

　このフィヨン法による「有利原則」の修正の直接の端緒となったのは、1995 年 10 月 31 日の全国職際協定[31]であった[32]。その後、フランスの労使は 2001 年 7 月 16 日に「団体交渉の抜本的改革の方法および手段についての共通見解」[33] [34]を採択した。この文書は、2 で述べた改革と関連して、組合が設置されていない企業における団体交渉について一般的に組合の委任を受けた者に協約締結権を付与することを定めるとともに、産業部門別交渉と企業別交渉の関係について、産業別協約の承認のもとに企業別協定がこれを適用除外しうること、および労働協約の締結に係る多数決主義の採用を推進すること、を主な内容とするものであった。

（2）有利原則の修正

　（1）で述べた 2001 年の労使共通見解を受け、フィヨン法は、2 つの大きな改正を行った。すなわち、第一に、産業別協約および職種別協定、並びに企業別協定の有効性を、企業委員会、あるいはそれがないときには従業員代表委員の直近の選挙の第 1 回投票で少なくとも有

　も要せず、組合の統制に服する必要はないこととされている点に大きな特徴がある。

[30] このことは、労働組合ではない、従業員代表機関に対して、団体交渉を行ない、労働協約を締結する権限を付与する立法が許容されるかという点で問題とされる余地があった。実際、本項で述べた労働組合に代わる従業員代表者による団体交渉および集団協約の締結を可能にする立法については、1946 年憲法前文第 8 項に反するのではないかとの疑問が呈されたが、フランスの憲法裁判所である憲法院は、ここで述べた趣旨から、労働組合とは異なる労働者の代表に団体交渉および集団協約の締結の権限を認める立法は許容される旨を判示している。

[31] 「すべての交渉レベルにおける契約実務を連続的に発展させること(de développer la pratique contractuelle, de façon articulée, à tous les niveaux)」を目的とする全国職際協定。

[32] この協定は、使用者側は CNPF（現：Medef）、CGPME（現：CPME）および UPA によって、労働者側は、CFDT、CFTC および CGC によって署名されている。同協定については、G. Coin, Dr. soc. 1996. 3 et s.；Cohen, Dr. soc. 96, p. 18；M.-L. Morin, Dr. soc. 1996. 11 et s.；G. Bélier, Sem. soc. Lamy, n°768, p.3. 参照。

[33] Liaisons soc. 2001, C1, n°174, Dr. soc. 2003.92.

[34] この文書は CGT を除くすべての代表的な使用者団体および労働者団体によって署名されている。詳細は G. Bélier：Des voies nouvelles pour la négociation collective, Sem. soc. Lamy, n°1038 du 23/7/01. 参照。

効投票の過半数を集めた代表的組合の反対によって覆しうるとすることとした。このことは、多数決原則の導入を部分的とはいえ承認をしたことになり、4で後述する労働組合の「代表性」の改革に向けて、少なからぬ影響をもたらすこととなる。そして、その第二の点が、本項との関係で重要であり、すなわち、企業別協定により産業部門別協約の規定および一定の法律上の規定を適用除外する自由を幅広く認めたのである。これにより、フランス労働協約システムにおける伝統であった、協約の階層性および労働者に最も有利な規範を適用するという原則、すなわち「有利原則」は、大幅に修正されることとなったのである[35]。

　続く2008年法は、労働時間に関する法律上の規定の適用除外について、企業別協定によることを原則とし、産業部門別協定による適用除外規定は企業別協定を欠く場合についてのみ効力を有する旨の改正を行った。この改正は、厳密には産業別労働協約の適用除外を認める趣旨のものではない。しかし、法律からの適用除外を実現する手段として、産業別協約によるのではなく、企業別協定によることを原則としたことは、産業部門別協約こそが集団的な規範を設定し、企業別協定はその枠内において（労働者に有利な方向でのみ）適用についての条件設定を行うことしかできなかったとする伝統的な協約の階層性を覆すものといえよう。すなわち、（法律からの適用除外について）企業別協定を主たる規範設定手段とし、産業部門別協定はこれを補足するものと位置づけることで、フランスの伝統的労働協約システムにおける規範の階層性の修正を図ったのである。

（3）改革の意義と影響

　フィヨン法および2008年法改正について、法学者の間では、フランスの労働協約システムにおける大原則であった「有利原則」を大幅に修正するものであったとの評価が一般的である[36]。

　しかし、フランスの労使関係実務においては、フィヨン法によっては、実際の変化はあまり生じなかったと考えられる[37]。

　その理由としては、第一に、適用除外協定の締結に労働組合の合意が得られないことであり、具体的には、適用除外協定を禁止する、いわゆる「閉鎖条項（clause de fermeture）」を産業別協約において設定するという方法が、産業別協約において採用され[38]、適用除外を防止

---

[35] この改正については、P. Rodière, L'émergence d'un nouveau cadre de négociation collectives, Sem. soc. Lamy, 2003, n° 1125, および以下の文献を参照。M.-A. Souriac, J.-E. Ray, P.-H. Antonmattéi et G. Borenfreund, réunis dans le numéro special de Droit Social, Le nouveau droit de la négociation collective, juin 2004, p. 579 s. G. Borenfreund et al., La negociation collective à l'heure des révisions, Paris, Dalloz, 2005. Hadas-Lebel (Sem. soc. Lamy n° 1267 du 26 juin 2006).

[36] Jean Pélissier, Gilles Auzero et Emmanuel Dockès, op. cit., p.1267.

[37] 筆者がフランスにおいて実施したヒアリング調査においては、使用者団体、労働組合、研究者のいずれもが一致して、産業別労働協約に対する企業別協定による適用除外は実際にはほとんど用いられていないとする趣旨の回答を示している。

[38] CGT-FOにおけるヒアリング調査による。また、CGTでのヒアリングでは、産業部門レベルの75%が閉鎖条項を設定しているとの回答があった。

する基本的な対抗手段として機能してきたようである[39]。また、有利原則が修正され、適用除外協定が幅広く認められるようになったとはいえ、公序に属する事項（①産業別最低賃金、②労働時間の上限、③安全衛生に関する事項、④休日規制）については、引き続き法律により適用除外が禁止された点も重要である。第二に、使用者側も、必ずしも企業別協定による産業別労働協約の適用除外に賛成しているとは限らないという点があげられる[40]。すなわち、産業別労働協約の伝統的な機能である、社会的競争（労働条件の引き下げ競争）を通じた過剰な企業間競争をコントロールすることは、使用者にとってもむしろ有益であるとの考え方がなお根強く存在したことが挙げられる[41]。第三に、この段階では、労働協約によって労働条件を不利益に変更する場合、これは個別の労働契約を拘束するのかという問題がなお残されていたことが挙げられる。すなわち、フランスにおいては、伝統的な契約理論が重視されてきた結果、労働協約はあくまでも法規範として労働契約を規律するものであって、その内容が労働契約になるという理論を採用していない。この結果、仮に労働協約を労働者に不利益な内容に変更したとしても、これによって直ちに労働契約の内容を修正することはできないとされてきた。この、労働協約による労働条件の不利益な変更と、個別の労働契約との関係の不明瞭性が、使用者による適用除外協定の活用を躊躇させたと考えられる。第四に、そもそも適用除外協定の締結の基礎となる、企業レベルでの労使関係が十分に成熟していないという点があげられる。すなわち、適用除外協定を締結するためには、その前提として企業内での労使交渉を行う必要があるが、この企業内労使交渉を行うことを個別の使用者が嫌っているというものである。このことは、とりわけ企業内労使関係が脆弱な小企業において顕著のようである。すなわち、小企業の使用者は、適用除外についての交渉を企業単位で実施することによって逆にさまざまな問題が噴出することを恐れ、結局、産業部門レベルの交渉および協約による規範設定を継続することを選択しているのではないかというものである。第五に、1で述べたオルー法以降の企業レベルでの独自の賃金システムの発展の結果、フィヨン法のころには、すでに産業別労働協約と企業別協定との役割分担が進展しており、適用除外協定によって企業の実態にそぐわない規範を修正する必要性が必ずしも高くなかったという可能性があげられる[42]。

　このようにして、フィヨン法及び 2008 年法による有利原則の修正は、その法理論的なインパクトの大きさに比して、集団的規範設定の実務に対しては、それほど強力なインパクトをもたらしたわけではない点は、留意しておく必要がある。

---

[39] このほか、適用除外協定を一律に禁止することはせずに、その締結に特別な条件を設定するという手法も用いられているようである。たとえば、CFDT は、適用除外協定の締結について「労働者の 50％以上が賛成していること」等を条件に設定し、傘下の組合に通達しているようである。

[40] 実際、金属産業の使用者団体である UIMM は、適用除外制度を採用しない方針を採用していることがヒアリング調査において聞かれている。

[41] むろん同時に、産業別労働協約の機能低下による産業レベルの使用者団体の地位の低下に対する懸念も存在するものと考えられる。

[42] その現れとして、賃金決定における産業別労働協約と企業レベルの賃金システムとの（とりわけ大企業における）乖離が挙げられる。

4 代表的労働組合制度に関する改革

　フランスにおける 1980 年代以降の集団的労使関係にかかる法政策を見るとき、もう 1 つ
の重要な意味を持つ政策が、代表的労働組合制度に関する改革である。

　ここでは、代表的労働組合制度の改革がもたらされた背景、改革の内容、およびその影響
について概括的に述べる。

（1）背景

　前記したように、フランスにおいては、団体交渉を実施し、労働協約を締結する権限を有
するのは、「代表的労働組合」と認められた労働組合に限定されてきた。すなわち、フランス
労働法典は、労働協約の労働者側の当事者性について「(労働協約または集団協定は) 協約あ
るいは協定の適用領域における 1 または複数の代表的組合組織によって」締結されなければ
ならないと規定している[43]。したがって、フランスにおいては「代表的労働組合」のみが協約
に署名する能力を有していることになり、いわば労働協約の締結権限がこの「代表的労働組
合」に独占されてきたのである。

　そもそも、フランスにおいては、個人の団結の自由を尊重する[44]ため、伝統的に複数組合主
義 (複数組合の併存) の姿勢が取られてきた。他方で、上記の通り、「代表性」を有すると認
められる組合であれば、その協約の適用領域において少数派である労働組合であっても、有
効に労働協約を締結することができるとしてきた。これは、理論的には、各労働組合が (そ
れぞれの活動方針を前提として) 組合員のみならず、全ての労働者を代表して活動するもの
であることを前提とした上で、組合間の平等取扱を促進することを目的とするものであった[45]。

　そして、労働協約が組合員のみならず、締結した使用者団体に加入する企業 (さらには、
拡張適用手続によれば、使用者団体に加入していない企業も含め) に属するすべての労働者
に適用されるという極めて広範な効力を有するにもかかわらず、少数派の労働組合が (たと
え多数派の労働組合が当該協約への署名を拒んでいたとしても) 労働協約を有効に締結でき
るというこのフランスに独特のルールは、伝統的な有利原則のもとで、労働協約が労働者の
処遇を改善する方向にしか作用しない限りにおいては特段の不都合を生じることはなかった。
むしろ、CGT のように極めて戦闘的な組合、すなわち、権利要求活動において先鋭的である
組合と、CGT-FO や CFDT のような「経営管理的 (労使協調的)」色彩の強い組合、すなわち、
使用者との交渉から得られた成果について妥協しやすい組合とのある種の「役割分担」を果
たすことを可能としてきた側面があった[46]。

---

[43] 労働法典 L.2231-1 条

[44] フランスにおいては、いわゆるユニオン・ショップは違法とされている。

[45] 協約の締結に否定的な CGT の強力な存在を前提に、CGT 以外の組合による協約の締結の促進を促すという実
　際上の政治的な背景については前述のとおりである。

[46] 具体的には、CGT のような戦闘的な組合が使用者側に対してより徹底した要求を行い、CGT-FO や CFDT が交
　渉の過程で妥協点を見出して、協約を締結するという手法である。前述のとおり、分裂によって極めて少数派
　となった CFTC にも代表性を認めたのは、こうした少数派組合に代表性を認める＝協約締結権を認めること

しかし、いわゆる「ギブ・アンド・テイク（donnant-donnant）」交渉－典型的には、雇用の保障等と引き換えに、労働者を保護するいくつかの法規定を排除するいわゆる「適用除外」協定、あるいはその集団的な規範（労働条件）を下方修正するもの－が、このシステムに対する疑義を生じさせることとなる。こうした「ギブ・アンド・テイク（donnant-donnant）」交渉は、1980年代初頭のいわゆるオルー改革以来、雇用の救済および競争力の確保という名目で促進されてきたが、これに対して、こうした方法による適用除外や労働条件の引き下げは、労働者の多数の合意の確保なしには許容されないのではないか[47]との見解が生じ、結果として少数派の労働組合にすぎない代表的労働組合に、いわばその歴史的経緯のみを根拠として協約締結能力を認めるフランスの労働協約システムのあり方を大きく揺るがすことになったのである。

（2）2008年法による改革

　労働組合の代表性に関する改革は、2008年8月20日の法律によって実施された。この結果、代表的労働組合と認められるための指標として、職場選挙[48]の結果に基づき算定される各労働組合の支持率が用いられることになった。すなわち、企業レベルにあっては10％、産業レベルおよび全国レベルにあっては8％の支持を獲得しない限り、当該交渉レベルにおける代表的労働組合としての資格が認められないこととなったのである。第二に、労働協約の有効性における多数原理の導入である。すなわち、上記の通り、従来は代表的労働組合が1つでも当該協約に署名をすれば、その協約は効力を有することとされていたが、2008年法により、原則として各組合が獲得した支持率の合計が30％を超える1または複数の組合が署名し、かつ支持率の合計が50％を超える1または複数の組合が反対しない、という2つの条件を満たして、初めて当該労働協約の有効性が認められることとなった。

（3）改革の影響

　労働組合の代表性についての改革は、必ずしも労使対話の促進を直接の目的として実施された改革ではないが、結果として以下のような効果をもたらしたと考えられる。すなわち、第一に、職場選挙の結果が労働組合の代表性の獲得の最重要指標とされたことにより、従来は必ずしも積極的ではなかった企業レベルでの活動に、各労働組合が注力するようになったという点である。このことは、労使間の対話においても、ともすれば理念的な立場からの主張に偏りが見られた労働組合の姿勢についても、企業内の労働者に対する訴求力を持たせるため、実際的な主張がみられるようになったという変化が現れている。第二に、支持率の合

で、交渉の妥結、労働協約の締結を促す意図があったとされる。

[47] A. Supiot, Les syndicats et la négociation collective, Dr. soc., 1983, p.63.

[48] 企業委員会の労働者委員（企業委員会がない場合には従業員代表委員）を選出するために実施される選挙。第1回投票においては候補者名簿が各労働組合により作成されることとされており、労働組合から指名された候補者の得票数によって、各労働組合の支持率が算定される。

計が 30％に達する労働組合が署名しない限り、労働協約の有効性が認められなくなったことにより、労使間の公式・非公式の対話、また労働組合間の対話が活発化するという効果が見られている。すなわち、従来は代表的労働組合が 1 つでも署名すれば労働協約が有効となることから、使用者としても 1 つでも合意に達する可能性の高い組合を見出すことができればそれで十分であったのに対し、2008 年法以降は、支持率の合計が 30％に達する、すなわち複数の組合と合意を形成する必要性が高まった[49]結果、労使間の折衝、協議を積極的に行う（行わざるをえない）ようになっている。他方で、労働組合の側にあっても、従来は各組合がそれぞれの活動方針に従った主張をしていれば足りた（最終的に、妥協点を見出した 1 つの組合が協約に署名すればよかった）のに対し、労働協約の締結による成果を獲得するためには、複数の組合が互いの主張を調整した上で、使用者との交渉に臨む必要性が増したのである。

第4節　マクロン政権による団体交渉制度に関する改革

1　はじめに

　団体交渉制度の改革は、2017 年に行われたマクロン政権による労働法改革の重要な柱の一つである。とりわけ、経済情勢の変化への企業の柔軟な対応を容易にするために、労働法規範において企業協定の優先的地位を確立することがその主目的である。団体交渉の強化に関する 2017 年 9 月 22 日のオルドナンス第 1385 号[50]（以下、「1385 号オルドナンス」とする。）は、大きくは①団体交渉の位置づけ、②団体交渉実施条件の促進を対象としている。具体的には、①について、企業協定および産業別協約（以下、本節においては産別協約）の位置づけ、小企業における団体交渉、労働協約または集団協定[51]についての争訟、義務的団体交渉事項、②について、労働協約の締結方式、過半数性の評価方式、産業部門再編手続き、である。これらに関連する法制度は、近年、数多くの法改正の対象となったため、検討の前提として 1385 号オルドナンス成立に至る法制度の変遷を簡潔に示したい。

2　オルドナンスまでの状況

（1）戦後の労使関係法制の機能不全とその改革

　フランスにおける集団的労働関係法に関わる大きな法改正としては 1982 年のオルー法が有名であるが、2004 年 5 月 4 日の法律第 391 号[52]以降の法改正によって、フランスの集団的

---

[49] フランスにおいては、複数組合主義の伝統が根強く、1 企業に多くの労働組合が存在していることが珍しくないため、1 つの組合が単独で 30％の支持を獲得していることは必ずしも多くない。

[50] Ordonnance n°2017-1385 du 22 septembre 2017 relative au renforcement de la négociation collective

[51] 労働法典 L2221-2 条において、労働協約〔convention collective〕とは法律（L 2221-1 条）の定めるすべての事項を含む労使間の合意文書のことであり、集団協定〔accord collectif〕とは、そのうち特定の事項しか対象としないものであると定義されている。解説文では基本的に原語に合わせて用語を使用しているが、総称的に「労働協約」の文言を用いている場合もある。

[52] Loi n° 2004-391 du 4 mai 2004 relative à la formation professionnelle tout au long de la vie et au dialogue social.

労働関係法は大きく変容した。職業組合〔syndicat professionnel〕と法的定義を与えられるフランスの労働組合は、組合員の代表ではなく、職業の代表、全労働者の利益代表であるとされ、代表的労働組合が締結した労働協約は、締結組合の組合員に適用されるのではなく、これを締結した使用者が雇用する労働者すべてに適用される[53]。この仕組みは、組合組織率が極めて低いフランスにおいて高い協約適用率を実現し、産別協約が「職業の法」として労働者の最低労働条件を規律するという重要な機能を有することを可能とした。数多くの非組合員に効力が及ぶことになるこの労働協約に関する法制度は、特に戦後の経済成長期において、協約によって常に労働条件が向上する時代においては支持された。しかしながら、フランス経済が低成長時代に突入し、協約によって、雇用継続と引き換えに一定の労働条件の不利益変更を強いられる事態が生じることとなり、この仕組みに対する労働者による不信感が大きな問題となった。3 の結果、代表的労働組合の、または労働協約の民主主義的な正統性が要求されるようになった[54]。

　また、経済的観点からも、敵対的労使関係と形容されるフランスの労使関係が問題視された。フランス企業の競争力向上のために、団体交渉の文化を根付かせることが使用者団体または国によって志向されるようになった。そのためには、フランス憲法によって保障される、労働者の労働条件の集団的決定への参加原則（principe de participation、以下、「参加原則」とする。）[55]をより実効的とすることによって、労働者が主体的に企業レベルでの団体交渉を通じて、自らの労働条件決定に参加する社会的民主主義〔démocratie sociale〕の構築を目指す法制度の構築が必要であると認識されたのである。

　かような文脈を受け、2001 年労使共通見解において、関連労働者の過半数が協約に賛成することを協約の締結要件とする制度の構築を目指すこと（以下、「過半数原則」という）が、労使の代表的組織間で確認された。なお、ここでいう過半数の賛成というのは、組合加入者のことではなく、従業員代表選挙の得票率における組合支持率のことを意味する。この共通見解をうけて、2004 年法は、協約締結に関し、不完全ではあるが、過半数原則を導入した。すなわち、単独でまたは共同であっても過半数の支持をえることができない組合が多いという実務の状況に鑑み、協約の有効要件を、①過半数の支持をえた 1 または複数の組合による協約への署名（「締結過半数」という）、または②過半数の支持をえた 1 または複数の組合によって、（過半数支持に達しない）代表的労働組合署名協約への反対が存在しないこと（「反対過半数」という）、としたのである。2008 年 8 月 20 日の法律は、労働組合の代表性の法制度を改正し、国が 5 大ナショナルセンターおよびその傘下組合に対して労働者代表性を排他的に付与する制度が廃止した。そして、各企業で行われる従業員代表選挙における得票率を基に代表的労働組合を決定する制度が創設された。また、協約の有効要件については、2004

---

[53] 小山敬晴「フランスにおける代表的労働組合概念の変容（1）」早稲田大学大学院法研論集 140 号 147 頁以下参照。

[54] 小山・前掲注(53)153 頁以下参照。

[55] フランス 1946 年 10 月 27 日の憲法典（第 4 共和制憲法典）前文第 8 項。

年法の規則を改正し、30%以上の支持を得た代表的労働組合による署名かつ 50%以上の支持を得た代表的労働組合の反対がないことが有効要件とされた[56]。

（2）フレキシキュリティ政策の推進

　フランスにおいてフレキシキュリティ政策の導入が政府において議論されはじめたのは、2008 年頃である[57]。したがって、前述の 2008 年法は、フレキシキュリティ政策の中で位置づけることも可能であるが、当該政策の下に矢継ぎ早に成立した一連の法律によって、フランスの労使関係法制が本格的にかつ大幅に改正されていくのは、2013 年の法律以降である。具体的には、2013 年 6 月 14 日の法律第 504 号[58]、2015 年 8 月 6 日の法律（マクロン法）[59]、本節では 2015 年 8 月 17 日の法律（レブザマン法）[60]、2016 年 8 月 8 日の法律（エル・コムリ法。以下、本節では「2016 年法」とする）[61]である。ここで各法律による改正点を詳細に説明することはできないため、1385 号オルドナンスとの関連で、一連の改革を 3 つのカテゴリーについて簡潔に言及するにとどめる。第 1 は、雇用流動化の目的の下、特別な類型の企業協定が設定されたことである。これは、経済的窮境状態にある企業の雇用流動化を促すことを認める仕組みである。労働者にとって不利益性の大きい問題であるため、一般の労働協約のルールとは異なり、締結過半数の仕組みが採用された。そして、この種の協定の適用範囲は次第に拡大していくこととなった。第 2 は、2001 年共通見解の目標の延長線上に位置付けられるが、協約の有効要件が締結過半数に依る制度へと完全に移行することである。第 3 は、中小企業における労使関係の構築である。1385 号オルドナンスは、近年の一連の法改革で目指されたこれらの方向性を一部については完遂し、その他についても、より一層改革の速度に拍車をかけたものである。そして、2018 年 3 月 29 日の法律第 217 号[62]（以下、「2018 年オルドナンス追認法」とする。）により、1385 号オルドナンスは一部修正が加えられて追認され、憲法院 2018 年 3 月 21 日判決（Décision n° 2018-761 DC du 21 mars 2018. 以下「2018 年憲法院判決」という）により合憲性が認められ、立法規定となった。

---

[56] 小山敬晴「フランスにおける代表的労働組合概念の変容（2）」早稲田大学大学院法研論集 141 号 157 頁以下参照。

[57] 矢野昌浩「ヨーロッパにおける労働法改革論の現段階とその射程：移行労働市場論とフレキシキュリティ概念を中心に」龍谷法学 49 巻 2 号 641 頁以下参照。

[58] LOI n°2013-504 du 14 juin 2013 relative à la sécurisation de l'emploi. 細川良「フランス 2013 年雇用安定化法による経済的解雇の改革 (特集 フランスにおける労働契約の終了(後編))」労旬 1834 号 32 頁など参照。

[59] LOI n°2015-990 du 6 août 2015 pour la croissance, l'activité et l'égalité des chances économiques.

[60] LOI n°2015-994 du 17 août 2015 relative au dialogue social et à l'emploi.

[61] LOI n°2016-1088 du 8 août 2016 relative au travail, à la modernisation du dialogue social et à la sécurisation des parcours professionnels. 野田進・渋田美羽・阿部理香「フランス『エル・コムリ法』の成立－労働法の『再構築』始まる－」季刊労働法 256 号 126 頁参照。

[62] LOI n° 2018-217 du 29 mars 2018 ratifiant diverses ordonnances prises sur le fondement de la loi n° 2017-1340 du 15 septembre 2017 d'habilitation à prendre par ordonnances les mesures pour le renforcement du dialogue social.

3　マクロン政権による改革

　この検討は、1385 号オルドナンスおよび 2018 年オルドナンス追認法により新しく創設された規定につき、以上で示した法改正の文脈に沿ってきわめて簡潔にその内容を示すことを目的とするため、かならずしも網羅的な検討でないこと、および法理論的分析まで行うものでないことを予めお断わりしておく[63]。検討の構成は、主に 1385 号オルドナンスの目次に則り、団体交渉の位置づけ（1）、団体交渉実施条件の整備（2）、その他の改正点（3）に分かれる。法規定の説明のほか、重要論点については、2018 年オルドナンス追認法についての憲法院 2018 年 3 月 21 日判決（Cons. const. 21 mars 2018, Décision n°2018-761 DC、以下、「2018年憲法院判決」とする。）の内容についても触れて検討を行う。

（1）団体交渉の位置づけ
ア　企業協定と産別協約との関連性

　本オルドナンスは、企業協定を主として、これと産別協約との関連、および労働契約との関連を整序することを目的とするものである。職業の法律〔loi de la profession〕と呼ばれていた産別協約を中心とする伝統的な労働条件決定システムから、企業協定を通じた企業レベルでの柔軟な労働条件システムへの変化（団体交渉の分権化〔décentralisation〕）は、周知のとおり 1982 年のオルー法以来一貫して、漸次的に生じてきている。本オルドナンスは当然この文脈に位置付けられ、企業協定の産別協約に対する優越を原則とすることをついに明示したという意味で、非常に大きな意味がある。ただし、後述するが、実質的には産別協約の優越が認められる規定が残っており、このオルドナンスは名目的な意義を持つにすぎないという見方もありうる。企業協定と産別協約との関連性は、主に、第一ブロック；産別協約の優越領域、第二ブロック：産別協約の任意的優越領域、第三ブロック；企業協定の優越領域に分けて理解がなされており、以下ではこの分類に則って検討する。

（ア）産別協約の優越領域

　1385 号オルドナンスは、各交渉レベルにおける協約または協定につき定義づけを与え、それぞれの役割を明確にしたうえで、それぞれの関連性を規定している。産別協約について、これまでは、労働法典 L2253-1 条 1 項（以下、「労働法典」省略。）が「企業別協定は産別協約の規定を適用できる」と簡潔に定めていた。これに対して、オルドナンスは、企業協定が、労働者に有利な規定を除き、産別協約と異なる規定をすることができない事項、すなわち産別協約の優越領域を定めた。その事項とは、①最低賃金、②職務等級、③労使同数機関財源基金の共済化、④職業教育基金の共済化、⑤社会保障法典記載の補足的な集団的保障、⑥

---

[63]　なお本解説執筆にあたっては、とりわけ次の文献を参考にした。A. Lyon-Caen, Ordonnances Macron, Commentaires pratiques et nouvelles dispositions du code du travail, Dalloz, 2017. ; Liaisons sociales quotidien, n°17412. ; Semaine sociale Lamy, n°1781, p.11 et s.

L3121-14 条、L3121-44 条 1 号、L3122-16 条、L3123-19 条 1 項、L3123-21 条、L3123-22 条の措置、⑦L1242-8 条等の有期労働契約および派遣労働契約に関する措置、⑧L1223-8 条、工事労働契約に関する措置、⑨男女間の職業上の平等、⑩L1221-21 条に記載された試用期間の更新条件および更新期間、⑫L1251-7 条第 1 号および第 2 号に記載された派遣先企業における派遣労働者の利用事由、⑬L1254-2 条および L1254-9 条に記載された、独立労働者の最低報酬および業務提供手当の額、である。これらの事項については、これらを定めた産別協約の施行日以前または以降に締結された企業協定に優越する（同条 2 項）。

　なお、この場合において有利原則が適用されるものの、1385 号オルドナンスは、「同等以上の保障〔garanties au équivalentes〕」という新しい表現を用いている（同項）。オルドナンス以前は、「企業協定は新しい条項および労働者にとってより有利な条項を定めることができる」と定められており、労働法典全体を通じて「労働者にとって有利な」という表現は定式化されていた。「同等以上の保障」という表現につき、オルドナンスに関する共和国大統領への報告書[64]では、分野ごとに〔domaine par domaine〕評価されるとの説明がなされている。労働者保護の理念の下、複数の規範が抵触する場合に、もっとも有利な規範の適用を認める有利原則とは異なり、「同等以上の保障」は、労働法規範において、企業協定が優先的に適用されることを目的とするための論理であって、両者の間にはきわめて大きな相違がある[65]。

（イ）産別協約の任意的優越領域
　第 2 の領域は、産別協約が、その後に締結された企業協定に優越する事項を任意に定めることができる領域である。この場合、産別協約が明示的に定めた場合にのみ、その範囲内での企業協定に対する優越が認められることになる。この領域に当てはまる事項として、①L4161-1 条記載の職業的危険因子を曝露した効果の予防、②障害労働者の雇用促進および雇用維持、③組合代表委員選任の人数、組合活動の状況、④危険労働・不衛生労働手当が定められている（L2253-2 条 1 項）。

　当該領域に関して、産別協約は、当該協約の規定以降に締結された企業協定に対してしか、その強行性を発揮することができない。詳細をオルドナンスは定めていないが、当該領域に関して産別協約が優越性を定める以前に締結された産別協約より労働者にとって有利でない条件を定める企業協定の条項は、産別協約締結以降も有効に存続することになるであろう。

　次に、オルドナンス以前の法制度において、企業協定または事業所協定による適用除外を妨げる産別協約の条項、いわゆる閂条項〔clauses dites «de verrouillage»〕（L2253-3 条）[66]は、

---

[64] Rapport au Président de la République relatif à l'ordonnance n° 2017-1385 du 22 septembre 2017 relative au renforcement de la négociation collective, JORF n° 0223 du 23 septembre 2017,Texte n° 28.

[65] 詳しくは、野田進「マクロン・オルドナンスによる団体交渉システムの改革(1)－企業協定の優越、多数派・非典型協定の一般化─」法政研究 85 巻 1 号（2018 年）380 頁以下参照。

[66] 細川良「第 2 巻 フランス編」『現代先進諸国の労働協約システム─ドイツ・フランスの産業別協約─』労働政策研究報告書 No.157、69 頁以下参照。ここでは「閉鎖条項〔clause de fermeture〕」という用語で説明されている。

ここで述べた領域に関しては、2019 年 1 月 1 日以前にその協定の付属文書でその効果が確認されない限り、その効力が継続しないことになる（オルドナンス 16 条）。

（ウ）企業協定の優越領域

　第 3 の領域が企業協定の優越領域であり、以上で言及されていないその他の全ての領域からなる。対象領域が多大であることと同時に、その優越は、企業協定の締結日如何に関わらず効果を発するという点でも、企業協定の力が重大であることが示されている。企業協定による労働条件決定が原則であるため、労働者には企業協定の定めが第一に優先的に適用され、これがない場合に産別協約が適用されることになる。企業協定の優越は 2018 年 1 月 1 日から効果を発するため、これ以降、その締結日如何にかかわらず、企業協定の定めに反する産別協約の条項は、もはやその効力を失うこととなる[67]。

イ　企業協定と労働契約との関係[68]

　L2254-1 条は「使用者が、労働協約または集団協定の条項によって拘束されるとき、これらの条項は、当該使用者と締結された労働契約に、より有利な契約条項を除いて適用される」と規定しているが、1385 号オルドナンスによってもこの規定は変更されていない。換言すれば、協約より労働者にとって有利な労働契約の規定は、協約により変更されないということになる。当該規定はフランス労働法において公序規制であると捉えられてきたが、これまで、徐々にその例外を構成する仕組みが法律により整備されてきた。いずれも旧規定であるが、L1222-8 条の労働時間短縮協定〔accords de réduction du temps de travail(ARTT)〕、L2242-23 条の企業内異動協定〔accords de mobilité interne〕、L5125-1 条の雇用維持協定〔accords de maintien de l'emploi〕、L2254-2 条の雇用保存・発展協定〔accords de préservation et de développement de l'emploi〕がそうである[69]。その例外の内容は、それぞれの多少の相違を無視してまとめれば、労働契約より労働者にとって有利でない労働協約の規定が労働契約となること、労働者はそれに対して拒否する権利が認められていること、ただしその労働者に対する解雇の正当性を法律が保障していること、ということになる。L2254-1 条に対する例外的な仕組みという共通点がありながら、それぞれ要件や適用対象が複雑であり、条文も散逸していたため、オルドナンスはこれらの仕組みを単一の法制度に服する新しい類型の協定として再定義した。

　L2254-2 条 I は、この協定の利用要件として、「企業運営に関連する必要性に対応することまたは雇用を保持または発展することを目的」とすると定めている。そしてこの協定が定め

---

[67] Liasons sociales, n°17412, p.2.
[68] 野田進「マクロン・オルドナンスによる団体交渉システムの改革(2・完)―集団的成果協定、企業交渉を支える制度枠組み」法政研究 85 巻 2 号（2018 年）776 頁、小山敬晴「フランスにおける労働契約に優位する企業別協定の憲法適合性論理」小宮文人先生古稀記念論集『労働法における労働契約理論の再構成』（法律文化社、2019 年近刊）参照。
[69] 野田進「フランス『雇用保持発展協定』のインパクト―エル・コムリ法の最前線―」法政研究 84 巻 3 号（2017年）246 頁参照。

ることができる対象として、(1)労働時間、労働時間割および労働時間配分の方式の調整、(2)職際レベルでの SMIC（最低賃金）および L2253-1 条 I 第 1 号に記載の協約上の最低賃金を遵守した L3221-3 条の意味における賃金の調整、(3)企業内職業異動または地理的異動の条件の決定を挙げる。すなわち、これまで用意されていた上記の仕組みの適用対象が、そのままここに取り入れられているということになるが、その利用要件として「企業運営に関連する必要に対応すること」という新しい文言が付加されることにより、その適用範囲は拡大された。これは 1385 号オルドナンスによる重大な変更点である。

　同条 III は、この協定に反する契約の定めがある場合、法律上当然に企業協定の内容が労働契約の内容に置き換わり、そこには、報酬、労働時間および企業内職業異動および地理的異動が含まれることを定める。労働者はこれを拒否することができるが、その拒否は、現実的かつ重大な解雇事由を構成し、解雇の正当性の有無を訴訟で争うことはできない。この解雇は、通常のカテゴリーである人的解雇、経済的解雇いずれにも属さない特別な解雇であるとされている。被解雇者には、最低限、事前面談、解雇通知、解雇予告手当またはその補償金、解雇補償金、労働証明書、賃金清算確認証に関する規定が保障される。その他、L5422-20 条に記載された協定に定められた条件の下で求職者として登録され支援をうけ、補償を受け取ることができること、使用者は、デクレにより定められた条件の下、個人別職業教育口座〔compte personnel de formation〕に助成金を払い込むことが定められている。この協定の発効要件は、後述の過半数協定の要件（本節 3(2) イ(ア)a）に従う。

　2018 年オルドナンス追認法では、この協定の名称が「集団的生産性協定〔accord de performance collective〕」とされ、その対象も拡大された。そもそも、雇用の保持・発展という目的に限定されていればこそ、労働者の雇用の権利（1946 年憲法典前文第 5 項）を保障するものとして、L2254-1 条の契約の自由の例外たる L2254-2 条は正当化されえた。そこで、2018 年憲法院判決は、利用要件を上記のように拡大することの合憲性が問われたのである。そして、憲法院は、集団的生産性協定も、雇用の権利の保障を目的としているとして、合憲であると判断した。しかし、2018 年オルドナンス追認法が認めた「企業運営に関連する必要」への対応のための措置が、雇用の権利の保障を目的とするものに限られるかは、甚だ疑わしい。

（２）団体交渉実施条件の整備
ア　中小企業における団体交渉方式
　中小企業における団体交渉方式の整備は、中小企業における組合組織率がとりわけ低水準であるフランスにおいて、団体交渉の分権化を推進する前提として取り組まれなければならない課題として認識され、とりわけ 2004 年 5 月 4 日の法律以降、本格的に法的整備が行われてきた。近年の労働法改革においてもこの方針は引き継がれ、1385 号オルドナンスも当然

に同じ方針の下、組合代表委員[70]および企業評議会〔conseil d'entreprise〕[71]の存在しない企業、すなわち労使関係の存在しない企業における企業協定締結の促進を目的とする法整備が行われた。

（ア）11 人未満の企業

使用者は、労働者に対して協定案を示すことができ、この協定が労働者それぞれに提示されてから 15 日以上経過した後に、労働者の直接投票が行われ、その 3 分の 2 以上の賛成でこの協定案が認証された場合には、この協定案は有効な企業別協定とみなされる（L 2232-21 条、L 2232-22 条）。その対象事項は、労働法典が企業別協定に認めている団体交渉事項すべてとされている。なお、11 人から 20 人までの企業で、組合代表委員、企業評議会および社会経済委員会が存在しない場合にも、この企業協定締結方式が適用される。

労使関係の存在しない企業における労使対話または団体交渉の発展を法目的として謳いながら、「企業協定」の名の下に、使用者の一方的決定を法的に正当化する規定であるとして、学説からは批判が強かった[72]。この規定については憲法院への提訴の対象となったが、憲法院への提訴理由は、1946 年憲法前文第 8 項の参加原則からは代表者〔délégués〕の関与が当然に導かれること、および実質的な交渉が前提とされるのであり、当該規定がこれに違反しているというものである[73]。これに対して 2018 年憲法院判決は、結論として当該規定を合憲とし、その論拠として第一に、立法者は労使関係のない零細企業における集団協定の発展を望んでいたこと、第二に、この措置は、組合代表委員、および従業員代表者さえ存在しない企業においてしか適用されないこと、第三に、労働者の協定案提示に 15 日の期間が設けられ、認証には 2/3 の条件が設定され、選挙法の一般原則が適用されることを挙げている。

しかしながら、立法者が零細企業における集団協定（団体交渉も含まれるのか？）の発展を目的としていることから、参加原則が遵守されているという判断がなされたのか、仮にそうだとして、実質的な団体交渉が行われない当該手続きが「集団協定の発展」に資するといえるのかなど、疑問は多い[74]。

組合代表委員などの従業員代表が存在していないという論拠は、（代表的）労働組合が団体交渉の主たる当事者であるべきという 1996 年憲法院判決（次に詳述）が確立した規範とは整合するが、問題となっているのは、参加原則への抵触である。組合代表委員などの不存在が

---

[70] 代表的労働組合が創設する企業内組合支部の代表者であり、代表的労働組合により指名される。排他的に団体交渉権、協約締結権を有する。

[71] 2017 年 9 月 22 日のオルドナンス第 1386 号〔Ordonnance n°2017-1386 du 22 septembre 2017 relative à la nouvelle organisation du dialogue social et économique dans l'entreprise et favorisant l'exercice et la valorisation des responsabilités syndicales〕第 2 編による新設 L2321-1 条が定める機関。ドイツの事業所委員会のフランス版として注目を集めている。このオルドナンスによる従業員代表制度改革について詳しくは、野田進「フランスにおける社会経済委員会の設置－二元代表システムの新展開」季労 263 号（2018 年）90 頁参照。

[72] 例えば、F. Géa, Les soubassements de la réforme, RDT 2017. p.601.

[73] B. Bauduin, La négociation collective dans les entreprises de moins de 50 salariés, Dr. soc. 2018. p.686.

[74] Ibid.

参加原則に抵触しないことの論拠となりえるだろうか。むしろ憲法院は、従業員代表不在の場合に、労働者の直接投票でなく、代表者を通じたその他の交渉手段の設定を立法者が考慮すべきであったか否かを問うべきであった[75]。

　マクロンによる労働法改革以前は、使用者の一方的決定が、労働者の直接投票により認証されるケースは極めて限定的であったが、零細企業という制限はあるものの、その範囲が極めて広くなったということができる[76]。

（イ）11 人以上 50 人未満の企業
　この場合における企業協定の締結につき、これまでは組合委任労働者〔salarié mandaté〕[77]に優先が与えられていたが、オルドナンスはこの優先を廃し、2 つの仕組みの選択制を導入した。第 1 は、従来通り組合委任労働者が交渉を行う方式、第 2 は、社会経済委員会〔comité social et économique〕[78]の 1 人または複数の従業員代表が交渉を行う方式である。
　交渉事項は、労働法典によって企業協定または事業所協定が交渉可能とされているすべての事項である。代表的労働組合による委任の有無にかかわらず、社会経済委員会の従業員代表が交渉した協定が効力をえるためには、直近の従業員代表選挙で有効投票の過半を代表する社会経済委員会の構成員によって署名されなければならない。次に、社会経済委員会の従業員代表ではない、組合委任労働者が交渉した協定は、当該企業の労働者による直接投票で有効投票の過半により承認されなければならない。
　団体交渉の当事者として、（代表的）労働組合に優先的地位が与えられるべきであるとして、組合代表委員以外の従業員代表による団体交渉方式を定める法律規定の合憲性が争われた。1996 年 11 月 6 日判決（Cons. const. 6 nov. 1996, Décision n°96-283 DC、以下、「1996 年憲法院判決」とする。）は、つぎの 3 つの論拠により、当該規定の合憲性を認めた。第一に、組合代表委員が存在していないこと、第二に、産別協約によりその方式が定められること、第三に、この方式により成立した文書は、産別労使同数委員会の認証により発効すること、である[79]。すなわち、団体交渉について労働組合が独占権を有しはしないが、団体交渉に参加する当然の任務〔vocation naturelle〕を有しているのであり[80]、労働組合の関与が侵害されない限りにおいて、組合代表委員以外の従業員代表による団体交渉方式が認められることになる。
　このような 1996 年憲法院判決の規範を前提とすると、2018 年オルドナンス追認法は、組

---

[75] Ibid.
[76] Ibid. オルドナンス以前にこの方式が認められていたのは、労働者の利益参加（L 3312-5 条、L 3322-6 条）および日曜労働（L 3132-25-3 条第 1 号第 3 項）のみであった。
[77] 組合代表委員を欠く企業において、団体交渉を行うために代表的労働組合によって委任される者。中村紘一ほか監訳『フランス法律用語辞典〔第 3 版〕』（三省堂、2012 年）387 頁【Salarié mandaté】参照。
[78] 企業委員会〔comité d'entreprise〕の名称で知られていたフランスの従業員代表機関の 1 つ。前記オルドナンス第 1386 号により名称が変更され、その組織形態も変化した。
[79] Bauduin, op. cit., p.683
[80] 1946 年憲法前文第 6 項を根拠とする、組合の自由〔liberté syndicale〕として把握されている。例えば、I. O-Asorey, Négociation collective et droit constitutionnel, Bibliothéque de droit social T.59, LGDJ, 2013,pp.140-142.

合委任労働者による交渉を優先せず、代表的労働組合が関与しない従業員代表と、組合委任労働者を同列に扱っている点で、1946 年憲法典前文第 6 項との抵触が問題となった。これに対して 2018 年憲法院判決は次の 2 つの論拠をもって、この団体交渉方式を定める法規定を合憲とした。

　第一に、労働者 11 人から 49 人までの企業、すなわち組合代表委員の存在しない企業についてしか、法律規定は定めを置いていないということである。第二に、法律規定は組合委任労働者を優先していないだけであり、選挙により選出される従業員代表を優先してはいないことである。第二の論拠は、もし法律規定が従業員代表を優先させたとすれば違憲となる可能性を示唆しているものの、組合委任労働者に与えられていた優先が失われたことそれ自体が、1946 年憲法前文第 6 項に抵触し、1996 年憲法院判決で確立された規範から後退しているのではないか、という批判がある[81]。また、判決文上明らかであるのは、1996 年憲法院判決が重要視していた、企業レベルでのこの団体交渉方式を産業レベルの労使交渉で統制するという内容が、2018 年憲法院判決においては、まったく表れていないことである。したがって、2018 年憲法院判決により、産業および企業双方のレベルで労働組合が関与しない企業協定の締結方式が容認されたということができる。

（ウ）50 人以上の企業

　50 人以上の企業で組合代表委員または企業評議会を欠く場合の企業協定締結方式については、1385 号オルドナンスによって修正をされていない。すなわち、代表的労働組合による委任の有無にかかわらず、社会経済委員会の従業員代表、またはその者を欠く場合には、組合委任労働者が企業協定について交渉を行うことができる。

（エ）労使対話分析・支援センター〔L'Observatoire d'analyse et d'appui au dialogue social〕の創設

　1385 号オルドナンスは、各県レベルで労使対話分析・支援センターが設置されることを定めた。行政の代表者、労使団体代表者から構成され、三者間で順に主宰される。その任務は、50 人未満の企業における労使対話および団体交渉の発展を促進することを目的として、県内の労使対話年次総覧を作成し、労使対話の分野において、管轄内の企業に協力および法的知識を提供することである。また、団体交渉において遭遇するあらゆる障害に関して、労使当事者は労使対話分析・支援センターに問題を付託することができる。

---

[81] Bauduin, op. cit.,. p.684.

イ　労働協約

（ア）締結方式

a　原則

　労働協約の締結方式の規則は、前述の通り、2001 年の労使共通見解において過半数原則の導入を目指すことが確認されて以降、数度の法改正があった後、2016 年法においてついに本来的意味での過半数原則が 2019 年 9 月 1 日から適用されることが明記された。ところが、1385 号オルドナンスはこの日付を修正し、2018 年 5 月 1 日から適用されることを定めた（オルドナンス 11 条）。

　労働協約締結の原則的方式は次の通りである。すなわち、社会経済委員会（もしくは従業員単一委任）の正委員の直近の選挙、またはそれを欠く場合には、従業員代表委員の直近の選挙の第 1 回投票において、有効投票の 50% を超す得票をした 1 または複数の代表的労働組合組織によって、協約が署名されることである（2016 年法により改正された L2232-12 条 1 項）。

　なお、この過半数原則は、労働時間、休憩または休日に関する協定については、2017 年 1 月 1 日から適用され、前述の雇用保持協定については、1385 号オルドナンス施行日からが適用されている。

b　過半数に達しない協定（accord minoritaire）

　2016 年法は協約の締結方式に締結過半数の原則を導入する一方、実務では、協約署名の 1 または複数の代表的労働組合が過半に達しないケースを考慮して、その場合の協約締結方式として、非過半協定というカテゴリーを設定している（L2232-12 条 2 項）。すなわち、従業員代表選挙での 30% 以上の得票をえている代表的労働組合であれば、署名した協定の発効のために、労働者の直接投票に問うことができるという仕組みであった。この場合、その代表的労働組合は、協約締結日から 1 カ月内に労働者に意向を問わなければならない。

　これに対して 1385 号オルドナンスは、使用者もこの労働者への意見聴取を実施することができることを定めた。すなわち、前記の 1 カ月の期間が経過した後に、いかなる代表的労働組合もそれに反対しない場合に限り、使用者はこの意見聴取を請求することができる（オルドナンス 10 条）。

　使用者による意見聴取の請求から 8 日以内に、その他の代表的労働組合が当該協定に署名することによって、署名組合の支持率の合計が 50% に達しない場合に、それから 2 日以内に、労働者への意見聴取が実施されることになる。

　この意見聴取の方式は、協約署名組合ではなく、直近の従業員代表委員選挙で 30% 以上を得票した 1 または複数の代表的労働組合と使用者との間で締結した特別な議定書によって定められる。

（イ）協約の安定化＝非紛争化（オルドナンス4条）

1385号オルドナンス案の影響評価書において、企業レベルでの団体交渉が促進されるためには、団体交渉当事者が協約制度に信頼性を有するために、協約制度の（使用者にとっての）安定化〔sécurisation〕を実現することが必要不可欠な条件であると明記されていた[82]。安定化といえば聞こえはよいが、内容をみれば、訴訟によって協約が無効となる余地を狭めるものであり、使用者にとっての協約制度安定化、すなわち協約の非紛争化が目的である。1385号オルドナンスはこの趣旨においていくつかの規則を設定した。

a 提訴期間縮減（L2262-14条）

1385号オルドナンスは労働協約または集団協定の全部または一部についての無効の訴えの提訴期間を2カ月とし、労働者または労働組合による提訴権が一定の制約を受けることとなった。企業協定については、当該提訴期間の起算日は、当該協定が、企業内組合支部を有するすべての労働組合に通知されたとき、または、それ以外のすべての場合には、当該協定が、2016年法によって創設された全国データベースに公示された日である。産別協約については、前記同様の公示日である。

この新しい規則は、1385号オルドナンスの公示日である2017年9月23日以降に締結された協定に適用される。それ以前の協定で、1385号オルドナンス公示日以前にいかなる訴訟も提起されなかったものは、やはり1385号オルドナンス公示日が起算日となる。

b 協約適法性の単純推定（L2262-13条）

労働協約または集団協定が、それを規制する法律上の条件に適合していないことを証明するのは、その適法性に異議を唱える者に属する、とする新しい条文を創設した。これは、自己の主張の証拠を提示するのは原告当事者であるという民法の原則に忠実にならったものである。2017年6月22日のコンセイユ・デタ答申に従って政府はこの原則を労働法典に編入した。

c 無効判決の効果の時間的調整（L2262-15条）

労働協約の全部または一部を無効とする判断を行うとき、裁判官は、この無効の遡及効が、明らかに過度な帰結をもたらす性質を有すると思われる場合には、その無効が将来に向かってしか効力を生じないと判断することができるようになった。このような規定が置かれた背景には、近年、裁量労働制〔forfaits-jours〕に関する集団協定を無効とする判決が相次ぎ、実務上問題が生じていたということがある。

---

[82] Étude d'impact, Projet de loi d'habilitation à prendre par ordonnances les mesures pour le renforcement du dialogue social, 27 juin 2017, p.19.

（3）その他

ア　産業部門の再編の加速（オルドナンス 12 条）

　多様かつ複雑であり、労働者一個人にとって適用されうる協約規範の認知が難解であること、または長期間協約が改定されておらず、現に労使対話が存在しているかも不明である産業部門が存在していることなど、産業部門を再編成する必要性が数年来指摘されており[83]、2016 年法はその再編手続きを定めた。すなわち、2016 法公示日（2016 年 8 月 9 日）から 3 年内に産業部門再編に関する団体交渉を行う義務を定め、それが行われない場合には、労働担当省が強制的に産業部門の再編を行うことができる。1385 号オルドナンスは、「3 年内」という部分を「24 カ月内」に改めることにより、その再編の速度を速めたのである。

　また、再編の対象となる産業部門につき、2016 年法は、その産業部門の労働者数が少数であることを条件としていたが、1385 号オルドナンスは、5000 人未満という具体的な数値を規定した。

イ　義務的団交事項

　企業協定および産別協約に関する義務的団交事項を定める法規定について、1385 号オルドナンスはまず、公序、団体交渉の領域、法律の補充適用という 3 構造に整序した。すなわち、公序規定として定められる事項（産業レベルについて L2241-1 条、企業レベルについて L2242-1 条）を除き、その他については、団体交渉により自由にその内容を定めることが認められている。しかしながら、オルドナンス以前に存在していた義務的団交事項の規定は補充的規定に落とし込まれている。したがって、団体交渉で決定できる事項としては、団体交渉の日時、定期性、会合の場所、義務的交渉事項の内容、団交の方式、使用者が組合に提示しなければならない情報、その情報提供の方式が掲げられているのみであり（産業レベルについて L2241-4 条、企業レベルについて L2242-10 条条）、結局、補充的規定に定められている事項につき労使当事者は交渉せざるをえないのである。補充的規定は、団交促進のための行為規範として機能することになるだろう。法律を後退させ、労使当事者に規範設定の大部分を委ねるという政策とは裏腹に、労使当事者に対する法規定による締め付け度合いは依然として残存していると評価せざるをえない。

ウ　協約の拡張適用に関する新しい規則

　産別協約の拡張適用に関して、1385 号オルドナンスは新しい要件を設定した。なお、拡張適用に関する法規定につき、一部は 2017 年 9 月 22 日のオルドナンス第 1388 号[84]（以下、

---

[83] 代表的なものとして、2016 年法成立に大きな影響を与えたコンブレクセル（当時コンセイユ・デタ社会部部長）による首相宛て報告書（J.-D. Combrexelle, La négociation collective, le travail et l'emploi, France stratégie, sept. 2015.）、2015 年 10 月 19 日に開催された労使大会議〔Conférance sociale〕（Liasons sociales quotidien, n°16591, p.1 et s.）など。

[84] Ordonnance n°2017-1388 du 22 septembre 2017 portant diverses mesures relatives au cadre de la négociation collective.

「1388 号オルドナンス」とする）によっても定められているため、ここでは 1388 号オルドナンスの内容も踏まえて説明する。まず、産別協約が拡張適用されるための要件として、その協約が 50 人未満の企業についての特別な規定を設けていることが必要となった（1385 号オルドナンス 2 条 II、L2261-23-1 条）。これがない場合には、そのような規定がないことの説明をしなければならない。つぎに、1388 号オルドナンスは、使用者組織による拡張適用の反対に関する L2261-19 条について、一部修正を行った。本条は、拡張適用の要件として、その産業レベルで代表的であると認められている 1 または複数の使用者組織であり、これに加盟する企業が、当該産業レベルで代表的であると認められた全ての使用者組織に加盟する企業が雇用する全労働者の 50% 以上を雇用している場合、そのまたはそれらの使用者組織によって反対されていないことを定めている。この反対権の行使条件の詳細を 1388 号オルドナンスは定めた（拡張適用の意見が官報に記載されてから 1 カ月以内に行使されること、書面かつ理由付記された方式であること、反対を全ての代表的組織へ通知し、行政機関に提出すること）。

　なお、1388 号オルドナンスの内容となるが、協約の拡張適用に関連して、労働担当大臣の権限が強化された。その背景には、OECD が 2015 年 7 月 20 日に、産別協約が当該産業の企業に対して、特に生産性の向上や投資に関して、有害な効果をもたらしているという指摘をしたということがある[85]。これを受けて、1388 号オルドナンスは次のような権限を労働担当大臣に新しく付与した。労働担当大臣は、一般利益を理由として、とくに自由競争の過度な侵害を理由として、協約の拡張適用を拒否することができる。また労働担当大臣は、拡張適用した場合に生じうる経済的社会的影響に関して評価を行う専門家検討グループを組織することができる。なお、これについては、労使の代表的団体も、書面でかつ理由を付記して請求することにより、その組織を求めることができる。最後に、労働担当大臣は、企業レベルでの実施規定を必要とする産別協約の条項については、その実施規定を定めた企業協定が締結されることを、拡張適用の条件とすることができる。

エ　労働法典改革のための委員会の廃止（オルドナンス 14 条）
　2016 年法は、労働法典の簡素化を主たる目的として、法律規定を減少させ、団体交渉を中心とする労働法典を目指すべきことを明示し、それを実現するための有識者委員会を第 1 条において組織した。そもそも 2016 年法成立以前にも、元司法大臣のロベール・バダンテール、フランス労働法学の権威の一人であるアントワーヌ・リヨン＝カーンを中心とする委員会が結成され（通称バダンテール委員会）、2016 年法の成立に大きな影響を与えていた[86]。この委員会が引き続き、2016 年法第 1 条に定められた委員会として、労働法典の改革を検討していくかに思われたが、1385 号オルドナンスはこの第 1 条を廃止したのである。すでにみた

---

[85] Lyon-Caen, op. cit.,p. 61.
[86] 当該委員会の方針は、R. Badinter et A. Lyon-Caen, Le travail et la loi, Fayard, 2015.において簡潔に示されている。

—31—

ように、1385号オルドナンスは協約有効要件である過半数原則実施時期、および産業部門再編の実現時期を、2016年法よりかなり早めた。さらに、法律でなく、オルドナンスという形式によって労働法改革を断行し、国会による十分な審議を回避したのであって、当該委員会の廃止の趣旨は、かようなマクロン大統領の姿勢から推し量ることができるであろう。

　そのほか、2016年法24条で定義された協約上の公序〔ordre public conventionnel〕という概念も1385号オルドナンスは廃止しており、先に見た通り、産別協約を詳細に定義づけることによって、その役割と位置付けを明確にしている。

第2章 雇用終了関係にかかる労働法改革の意義と影響

　本章では、近年の労働法改革のうち雇用終了に関する事項を取り上げる。雇用終了法制は、従来、解雇法を中心に展開してきたが、2000年代以降は、解雇規制の柔軟化や合意解約独自の法規定の整備が進められてきた。2016年、2017年の労働法改革もこれらの流れのなかに位置付けられる。そのため、ここでは、まず、フランスの雇用終了法制の概要および労働法改革の背景について簡潔に述べ、そのうえで、近年の労働法改革の内容について述べることとする。

第1節　雇用終了法制の概要と改革の背景[87]

1　解雇規制の歴史的展開

　使用者の解雇の自由は、自由主義的な考えのもと伝統的に広く認められていた[88]。フランスにおいて本格的な解雇権規制が実現したのは20世紀後半であり、1973年7月13日の法律[89]によって、解雇手続き、解雇の正当化事由、被解雇者に認められる権利、違反時の制裁など、解雇に関する基本的な法的枠組みが整備された。わが国との比較においては、解雇の手続的要件が設けられていること、一定の条件のもと、被解雇者に経済的補償（解雇補償金）を付与することが義務づけられていること、解雇が「現実かつ重大な事由」によって正当化されない場合、通常、賠償金の支払いによって解決される仕組みが設けられていることなどの点に特徴がみられる。

　他方、企業の経済的理由にもとづく集団的解雇については、1945年以降、国の雇用統制および従業員代表（企業委員会）制度が形成・発展するなかで特別な法規制の対象となり、1975年1月3日の法律[90]により、従業員代表機関への諮問手続き、行政機関による許可制など固有の法制度が整備された[91]。そのため、わが国との比較においては、従業員代表機関および行政機関の関与といった手続き面が法制化されている点に特徴がみられる。もっとも、経済的解雇に関する法制度は、その後、現在まで頻繁に法改正がなされており、様相を異にしてい

---

[87] 詳細については、野田進『労働契約の変更と解雇－フランスと日本－』（信山社、1997年）、細川良＝古賀修平『労働政策研究報告書 No.173・フランスにおける解雇にかかる法システムの現状』（労働政策研究・研修機構、2015年）などを参照されたい。

[88] 19世紀末以降、権利濫用論（abus de droit）をもとに、解雇の方法如何によっては使用者に損害賠償責任が生じることが判例および立法（民法典1780条3項）によって認められたが、労働者による立証は非常に困難だったとされる。

[89] Loi nº 73-680 du 13 juillet 1973 modification du code du travail en ce qui concerne la résiliation du contrat de travail à durée indéterminée.

[90] Loi nº 75-5 du 3 janvier 1975 relative aux licenciements pour cause économique.

[91] 1975年法の制定に至る経緯には。細川＝古賀・前掲書51頁以下。

る[92]。第1に、上記の行政許可制は、使用者側からの批判が強く 1986 年に廃止され[93]、これに代わって、従業員代表機関（企業委員会）との集団的手続き（解雇計画に関する諮問手続きなど）、および、人員整理の対象となる労働者への職業教育や再就職支援等に関する義務（労働者の再配置・再就職支援などの不利益緩和措置）が強化された。第2に、集団的手続きの実効性という観点から、経済的解雇法の適用範囲は、経済的事由にもとづくすべての労働契約終了へと拡大され、解雇の実施場面のみならず人員削減全般が法規制の対象となっている。

2 雇用終了をめぐる近年の労働法改革とその背景

以上のとおり、雇用終了法制は、解雇法の発展・強化という枠組みで展開されてきた。しかしながら、その反面、解雇規制の強化およびそれを内容とする幾多の法改正の結果、労使双方（とくに中小企業の使用者）にとってルールが分かりづらくなっていること、解雇手続きが複雑化・長期化していること、雇用終了に関する紛争が増加していること[94]、また、その結果として、紛争解決まで期間も長期化していることなどの問題が指摘されてきた。

2000 代以降は、雇用終了に関するルールの明瞭化・紛争防止、労使対話の促進・尊重などの観点から、解雇規制の単純化・柔軟化という流れのもと、雇用終了法制の見直しが行われている。

第1は、合意解約に関する法整備である。合意解約については、従来、当事者の自由意思に委ねられていたが、事後的な紛争の防止や、労働者が合意解約を強制されないための仕組みの整備として、2008 年に法定合意解約（rupture conventionnelle）の制度が導入され、合意解約を行うための手続きや契約終了後の失業保険制度との接続関係が規定された[95]。

第2は、経済的解雇法における集団的手続きの柔軟化である。解雇手続きの具体的な内容は、従来、法律によって定められていたが、使用者と労働組合が締結する集団協定という形式のもと、労使当事者でその内容を決定できる仕組みとその範囲が拡大されている。

2016 年のエル・コムリ法[96]（以下「2016 年法」ともいう）、および、2017 年授権法[97]にもと

---

[92] 詳細については、細川＝古賀・前掲書 52 頁以下。

[93] 1986 年 7 月 3 日の法律および 1986 年 12 月 30 日の法律。行政許可制に対する批判として指摘されたのは、経済的理由の存否にについて内容審査を行う点、および、行政系統裁、司法系統それぞれの裁判所への提訴が認められうるという訴訟管轄上の問題点であった。なお、それ以降も、行政機関は、人員削減に関する集団的手続きの監督者、あるいは、雇用政策（失業対策）の主体として一定の役割を担い続けている。

[94] 2017 年授権法案と同時に提出された事前評価書（Etude d'impact）によれば、統計上、労働裁判所（個別紛争）に提訴された事件の 90％が労働契約の終了を背景とするものであり、主たる請求の 80％が解雇理由に関する争いであることが指摘されている。Etude d'impact, « Projet de loi d'habilitation à prendre par ordonnances les mesures pour le renforcement du dialogue social », NOR : MTRX1717150L/Bleue-1, pp.36-37.

[95] 詳細については、細川＝古賀・前掲書 100 頁以下。

[96] 2016 年 8 月 8 日の法律第 1088 号（Loi nº 2016-1088 du 8 août 2016 relative au travail, à la modernisation du dialogue social et à la sécurisation des parcours professionnels）。 以下、単に「2016 年法」と表記することがある。

[97] 2017 年 9 月 15 日の法律第 1340 号（Loi nº 2017-1340 du 15 septembre 2017 d'habilitation à prendre par ordonnances les mesures pour le renforcement du dialogue social）。

づく 2017 年オルドナンス[98]は、雇用終了全体に関するもの（下記 2）と企業の経済的理由による雇用終了に関するもの（下記 3）に大別されるが、全体としては解雇規制の単純化・柔軟化という流れに沿うものであり、雇用終了から生じる法的リスクを軽減すること、および、それによる雇用促進という経済政策的な目的を有する[99]。

第2節　解雇法および労働契約終了一般

1　解雇手続き

　解雇法上、解雇の手続き要件として、使用者には、解雇の決定に先立ち労働者との事前面談を実施すること、そして、書面にて解雇を通知すること（解雇通知書の送付[100]）が義務づけられている（L1232-2 条以下）。もっとも、使用者が解雇手続きを遵守しなかった場合の制裁は、従来、解雇の正当化要件である現実かつ重大な事由（cause réelle et sérieuse）が認められる場合にのみ、賃金 1 ヶ月分相当額の賠償金の支払い、または、手続きの追完[101]が命じられるにすぎなかった（旧 L1235-2 条）。手続きの違法性に対する以上の制裁は、解雇理由が正当化されない場合、または、解雇が無効となる場合に比べ、必ずしも重いものではない（下記（2）（3）参照）。しかしながら、判例（Rogie 判決[102]）は、解雇理由の正当性判断の場面において、使用者の主張が解雇通知書の記載内容に拘束されることを明らかにし、解雇通知書に実質的に重要な意味を持たせている。すなわち、使用者は、解雇通知書に記載していなかった理由を法廷で新たに主張することができず、その結果、解雇理由が不明確あるいは物理的に検証できない場合、当該解雇は、現実かつ重大な事由を欠くものと判断される。また、その制裁として使用者には、労働者に対する賠償金の支払い、および、場合によっては、失業保険運営機関に対する当該労働者に支給された失業手当相当額（最大 6 ヵ月分）の返還が課せられる。

　以上を背景に、2017 年の授権法案とともに提出された事前評価書（Etude d'impact）では、実際の解雇訴訟において、解雇理由（労働者に対する非難）が労働者に対して具体的にあるいは明確に説明されていないことが多く、その結果、労働者が解雇理由の不十分さを主張する事案が一定数存在することが指摘されている[103]。そのため、労働者が使用者に対して解雇理由の明確化ないし訂正を求めるための条件など、解雇通知に関する手続きとその効果について適切な法的枠組みを設定することの必要性が述べられている。つまり、解雇手続きに関

---

[98] 2017 年 9 月 22 日のオルドナンス第 1387 号（Ordonnance n° 2017-1387 du 22 septembre 2017 relative à la prévisibilité et la sécurisation des relations de travail）。

[99] Projet de loi, Ass. Nat., n° 3600, Exposé des motifs, p.22-23, Projet de loi, Ass. Nat., n° 4 Exposé des motifs, pp.5-6.

[100] 解雇通知書は、受領証明付書留郵便の形式のもと、面談実施の日から 2 営業日経過以降に送付しなければならない（L1232-6 条）。

[101] 裁判所は、実際上の有用性が認められる場合にしか手続きの追完を命じないとされる。そのため、実務上は賠償金の支払いが主たる救済であった。

[102] Cass. soc., 29 nov. 1990, Dr. soc. 1991, p.103

[103] Etude d'impact, *op. cit.*, p.39

—35—

する規定を改正することによって、解雇紛争を未然防止することが期待されたのである。

　2017年オルドナンスでは、解雇通知書のひな形（modèle type）を国が用意すること、および、使用者が労働者に通知した解雇理由を一定の条件のもとで事後的に明確化するための機会を設けることが示された。解雇手続きの明確化を内容とする法整備は、主として、労働法規に精通していない、あるいは、十分な労務管理資源を有していない、中小・零細企業の使用者を対象とするものと理解されている[104]。

（1）解雇通知書のひな型

　上記のとおり、2017年オルドナンスでは、使用者が解雇通知を行う際に利用することができる解雇通知書のひな形を、（コンセイユ・デタの議を経た）デクレによって国が定めることが示された。これを受けて、2017年12月29日のデクレ第1820号[105]は、6種類の典型的な解雇理由（①懲戒事由にもとづく人的解雇、②私傷病による職務不適格を理由とする解雇、③懲戒事由以外（能力不足など）の人的理由にもとづく解雇、④経済的理由による個別的解雇、⑤経済的理由による小規模の集団的解雇（30日の期間内の10人未満の解雇または50人未満の企業における10人以上の解雇）、⑥経済的理由にもとづく大規模の集団的解雇）について、そのひな形を提示した（Annexe　IないしVI）。なお、解雇通知書のひな形の利用は、義務ではなく任意である。

（2）解雇理由を明確化するための機会

　2017年オルドナンスは、使用者が解雇通知書を労働者に送付した後に、自らの発意により、または労働者がこれを請求した場合、解雇理由を「明確にすること（préciser）」ができる旨の法改正を行なった（L1235-2条1項）。ここでいう「明確化」とは、解雇通知書に当初記載した解雇理由を詳細にすることであり、解雇理由を新たに追加することまたは他の解雇理由に訂正することは認められないものと解されている[106]。もっとも、全体としては、使用者に対して一種の「間違える権利（droit à erreur）」が認められたものと認識されている[107]。

　解雇理由の明確化に関する具体的な手続きについては、2017年12月15日のデクレ第1702号[108]によって明らかにされている。かかる規定によれば、労働者が使用者に解雇理由の明確

---

[104] J.-E. Ray, Droit du travail, 27ᵉéd., 2018, p.321. また、A. Lyon-Caen 氏へのインタビュー調査では、解雇理由の明確化に関する改正が、中小企業の経営者の上記判例に対する不満に起因よるものだったとの指摘がなされた。

[105] Décret nᵒ 2017-1820 du 29 décembre 2017 établissant des modèles types de lettres de notification de licenciement.

[106] G.Auzero, D. Baugard et E. Dockès, Droit du travail 32ᵉ éd., Dalloz, 2018, pp.564-565. ただし、その具体的な意味内容については現状明らかではなく、今後の判例によって明確化されていくこととなろう。また、立法経緯という観点では、解雇理由を「補足する « compléter »」ことができると表現されていた当初の案が、「明確化する « préciser »」という表現に改められた。

[107] A. Lyon-Caen (Dir), Ordonnances Macron : Commentaires pratiques et nouvelles dispostitions du code du travail, Dalloz, 2017, p.262, J.-E. Ray, Droit du travail, 26ᵉéd., 2017, p.284

[108] Décret nᵒ 2017-1702 du 15 décembre 2017 relatif à la procédure de précision des motifs énoncés dans la lettre de licenciement

化を求める場合、当該労働者は、解雇通知の日から起算して 15 日の間に、受領証明付書留郵便または受領証と引き換えの手交によってこれを請求しなければならず（R1232-13 条 1 項）、使用者がこれに回答することを望む場合、当該使用者は、請求の日から 15 日の間に解雇理由を明確化することができる（同 2 項）。また、使用者が自らの発意によって解雇通知後に解雇理由の明確化を望む場合、解雇通知の日から起算して 15 日の間、これを行うことが認められる（同 3 項）。以上は、経済的理由による解雇の場合も同様であり（R1233-2-2 条）、解雇全般に共通するものである。

　解雇理由の明確化の法的効果について、2017 年オルドナンスは、解雇通知書に記載された、あるいは、使用者によって明確化がなされた解雇理由によって、後の法廷で主張することができる解雇理由が限定されることを新たに規定した（L1235-2 条 2 項）。これは、解雇通知書記載の解雇理由に使用者が拘束されるとする上記の判例法理を明文化するものである。ただし、解雇理由の明確化との関係では、労働者が解雇理由の明確化の請求を行わず、裁判所において解雇理由が不十分と判断された場合、従来の判例法理とは異なり、解雇手続きの違法性（irrégularité）が構成されるにすぎず（解雇理由の正当性判断とは切断され）、その場合、労働者は賃金 1 ヵ月分担当額を上限とする賠償金の支払いを受けることができるにとどまる[109]（L1235-2 条 3 項）。

　このような法的効果を鑑みるに、解雇理由の明確化の機会を付与する本改正は、両当事者に対して事前に解雇理由を明確化することを積極的に奨励することによって、事後的な紛争を予防しようとする施策だといえそうである[110]。

2　現実かつ重大な事由を欠く解雇（不当解雇）時の賠償金

（1）解雇の実体的要件と法的救済（制裁）の概要

　解雇の実体的要件として、解雇は、「現実かつ重大な事由」によって正当化されることが求められる（L1232-1 条 2 項）。ただし、裁判所がこの正当化要件を欠くと判断する場合、日本法（解雇権濫用法理）のように、当該解雇が無効となるわけではない。裁判所は、労働者と使用者に復職を提案することができる（L1232-3 条 1 項）にとどまり、復職の提案が受け入れられるか否かは両当事者の意思（選択）に委ねられる。そして、当事者の一方がこの提案を拒否し復職に至らない場合[111]、損害賠償（賠償金）の支払いが使用者に命ぜられることとなる（旧 L1235-3 条 2 項）。

　金銭賠償の額については、原則として、労働者が被った損害をもとに算出されることとなるが、1973 年法以来、賃金 6 ヵ月分相当額が下限額（plancher）として設定されていた（旧 L1235-3 条 2 項）。このことから、かかる賠償金は、損害賠償のほか、一種の民事制裁たる法

---

[109] この点は、上記判例法理を一部緩和したものと解されている。F. Favennec-Héry et P.-Y. Verkindt, Droit du travail 6ᵉ éd., LGDJ, 2018, p.535
[110] A. Lyon-Caen 氏へのインタビュー調査での指摘による。
[111] 大多数の場合がこれにあたるとされる。J.-E. Ray, *op. cit.,* p.377.

的性質を有するものと理解されてきた[112]。ただし、賠償金に関する下限額は、労働者が勤続年数 2 年未満である場合、または、従業員数が常時 11 人未満である場合、適用されない[113]（L1235-5 条）。

　他方、上限額（plafond）については、労働法典上、特別な制限は設けられておらず、裁判所の裁量に委ねられていた。そのため、訴訟において不当解雇の評価を受けた場合、使用者がどれだけの経済的負担を強いられることになるのか、少なくとも条文上、不確実な状況であった[114]。

（2）近年の法改正の状況

　近年の労働法改革では、解雇紛争から生じる経済的リスクの軽減[115]、そして、その結果としての雇用促進という観点から、解雇紛争の回避・早期解決とともに賠償金額の予見可能性の向上に向けた法政策が展開されてきた。

　まず、和解を促進するという目的のもと、2013 年 6 月 14 日の法律[116]は、L1235-1 条を改正し、解雇紛争を和解によって終結させる際の和解金の参考額をデクレによって定めるとした。これを受けて 2013 年 8 月 2 日のデクレ[117]は、労働者の勤続年数に応じた和解金参考額を一覧表（barème）として明示した（表2－2－1）。その後、上記和解金参考額は、2016 年 11 月 23 日のデクレ[118]によって改正され、全体として増額された[119]（表2－2－2）。

表2－2－1　解雇紛争時の和解金参考額（D1235-21 条）※2013 年デクレ

勤続年数	和解金額
2 年未満	賃金 2 ヶ月分相当額
2 年以上 8 年未満	賃金 4 ヶ月分相当額
8 年以上 15 年未満	賃金 8 ヶ月分相当額
15 年以上 20 年未満	賃金 10 ヶ月分相当額
20 年以上	賃金 14 ヶ月分相当額

---

[112] G.Auzero, D. Baugard et E. Dockès, *op. cit.,* p.584

[113] 零細企業の財政的負担を考慮することがその趣旨とされ、これについて、憲法院は、立法者が企業規模を基準に下限額の適用範囲を限定することについて合憲と判断している。Cons. const., 13 oct. 2016 nº 2016-582.

[114] 実際、2017 年授権法の事前評価書では、司法省の統計および調査をもとに、不当解雇にかかる賠償金支払命令額に乖離がみられ、同様のポスト・勤続年数の労働者を比較した場合においても 3 倍程度の差異がみられることが指摘されている。Etude d'impact, *op. cit.*, pp.36-37.

[115] 中小企業連合（CPME）におけるインタビュー調査では、不当解雇賠償金が事案ごとに大きく相違すること、また、ときに企業経営に大きな影響をもたらす恐れがあることの指摘がなされた。

[116] Loi nº 2013-504 du 14 juin 2013 relative à la sécurisation de l'emploi

[117] Décret nº 2013-721 du 2 août 2013 portant fixation du montant du barème de l'indemnité forfaitaire prévue à l'article L. 1235-1 du code du travail

[118] Décret nº 2016-1582 du 23 novembre 2016 modifiant le barème de l'indemnité forfaitaire de conciliation fixé à l'article D. 1235-21 du code du travail

[119] その背景として、2017 年授権法の事前評価書では、判決によって得られるだろう賠償金認容額（期待値）に比べ少額だったことから、和解があまり利用されなかったとの指摘がなされている。Etude d'impact, *op. cit.*, pp.37-38.

表２－２－２　解雇紛争時の和解金参考額（D1235-21 条）※2016 年デクレ

勤続年数	和解額
1 年未満	賃金 2 ヶ月分相当額
1 年以上 8 年未満	賃金 3 ヶ月分相当額 ただし、勤続年数が 1 年増えるごとに 1 ヶ月分を加算する。
8 年以上 12 年未満	賃金 10 ヶ月分相当額
12 年以上 15 年未満	賃金 12 ヶ月分相当額
15 年以上 19 年未満	賃金 14 ヶ月分相当額
19 年以上 23 年未満	賃金 16 ヶ月分相当額
23 年以上 26 年未満	賃金 18 ヶ月分相当額
26 年以上 30 年未満	賃金 20 ヶ月分相当額
20 年以上	賃金 24 ヶ月分相当額

　次に不当解雇の賠償金については現大統領のマクロン氏が経済大臣であった 2015 年に、勤続年数と従業員数を基準とする下限額と上限額の一覧表を設定する法案が議会で可決された（表２－２－３）。しかしながら、公布に先立つ憲法院による合憲性審査では、法政策として上限額を設定することそれ自体は否定されなかったものの、上限額を設定するにあたっては、労働者が不当解雇によって被った損害との関連性が認められる基準が採用されなければならないとして、従業員数を基準に上限額を設定することは平等原則に反するとの違憲判断[120]が示された。その結果、2015 年 8 月 6 日の法律[121]では、賠償金の上限設定に関する箇所は最終的に削除された。そのため、これに代わって、勤続年数、年齢および失業者の就職状況をもとに算定される賠償金の参考額（référentiel indicatif）をデクレによって定めること、および、賠償金の算定にあたって、裁判所が参考額を考慮に入れることができる旨の任意規定が設けられた（258 条）。そして、2016 年 11 月 23 日のデクレ第 1581 号[122]により、勤続年数に応じた賠償金の参考額の一覧表が定められた（表２－２－４）。

（3）2017 年オルドナンスによる上限額の設定・下限額の引き下げ

　2017 年授権法の事前評価書では、裁判所による救済の平等強化、ならびに、結果の予見可能性向上に伴う雇用促進、雇用終了に関する和解の促進および訴訟件数の減少等の目的追求の観点から、不当解雇時の賠償金制度の変更の必要性が述べられている[123]。そして 2017 年オルドナンスは、労働者の勤続年数を基準とする、不当解雇賠償金の上限額・下限額の一覧表

---

[120] Cons. const., 5 août 2015, n° 2015-715.

[121] Loi n° 2015-990 du 6 août 2015 pour la croissance, l'activité et l'égalité des chances économiques.

[122] Décret n° 2016-1581 du 23 novembre 2016 portant fixation du référentiel indicatif d'indemnisation prévu à l'article L1235-1 du code du travail.

[123] Etude d'impact, *op. cit.*, p.55

表２−２−３　2015年法案による不当解雇賠償金の一覧表（単位：賃金月額相当額支給月数）

		当該企業の従業員数		
		20人未満	20人以上 299人以下	300人以上
労働者の 勤続年数	2年未満	上限：3	上限：4	上限：4
	2年以上 10年未満	下限：2 上限：6	下限：4 上限：10	下限：6 上限：12
	10年以上	下限：2 上限：12	下限：4 上限：20	下限：6 上限：27

表２−２−４　2016年デクレによる不当解雇賠償金の参考額（単位：賃金月額相当額支給月数）

勤続年数 （満年）	賠償金 （賃金月数）	勤続年数 （満年）	賠償金 （賃金月数）
0	1	22	14,5
1	2	23	15
2	3	24	15,5
3	4	25	16
4	5	26	16,5
5	6	27	17
6	6,5	28	17,5
7	7	29	18
8	7,5	30	18,25
9	8	31	18,5
10	8,5	32	18,75
11	9	33	19
12	9,5	34	19,25
13	10	35	19,5
14	10,5	36	19,75
15	11	37	20
16	11,5	38	20,25
17	12	39	20,5
18	12,5	40	20,75
19	13	41	21
20	13,5	42	21,25
21	14	43以上	21,5

（barème）（表２－２－５）を新たに定める旨の法改正を行った[124]（L1235-3 条 2 項）。同規定は、一覧表において定められた上限額および下限額が、賠償金額の算定にあたって裁判所を拘束するという点でこれまでの参考額とは意味合いが大きく異なる。このように裁判所に対する拘束力を有するものとして賠償金の上限額を定めることについては、民事における完全賠償原則との関係で、解雇から生じた労働者の損害を完全に填補しない定めが適法なものといえるのか理論上問題となるが、2017 年オルドナンス、および、その議会承認に関する法律の制定に際して、憲法院は、「雇用」という一般利益の追求という観点から、合憲との立場を示している[125] [126]。

2017 年オルドナンスにより設定された賠償金の水準は、従来の仕組みとの比較において、労働者にとって低いものとなっている。たとえば、勤続年数 2 年以上の労働者の場合、下限額は賃金 6 ヵ月分から 3 ヵ月分に引き下げられ、さらに、勤続年数が 2 年以上 5 年未満の労働者については、従来、賃金 6 ヵ月分以上の賠償金が保障されていたところ、賠償金の上限額さえも賃金 6 か月以下に設定されている。なお、これまで賠償金の下限額に関する規定は、勤続年数 2 年未満の労働者および従業員 11 人未満の企業の労働者には適用されていなかったが、この点は、原則として、同一の規定に服することとなった。ただし、例外として、従業員 11 人未満の企業の労働者については、勤続年数が 10 年未満の場合、下限額についてより低い水準が適用される（表２－２－６）。

このように、勤続年数にもとづく賠償金額の上限額および下限額が設定されたことにより、解雇に伴うコストの予見可能性は一段と高まることとなる。このことから安易な解雇が誘発されないかとの懸念も示されるが[127]、他方で、紛争解決に関する予見可能性は労使双方にとって高まることから、その点では紛争の早期終結（和解の促進）が期待される[128]。もっとも、留意すべきは、不当解雇の賠償金として填補される損害とは、当該解雇の結果として生じた失業そのものから直接生じた損害であり、それとは異なる損害（たとえば精神的損害）については別途請求可能ということである[129]。そのため、今後は、当該解雇にともなう使用者の不法行為（解雇の態様等）、あるいは、現実かつ重大な事由を欠く解雇としてではなく、以下で述べる法律上禁止された違法な解雇として労働者が訴訟を提起することも予想される。

---

[124] 上記の賠償金の参考額に関する規定（R1235-22 条）は、2017 年 12 月 15 日のデクレにより廃止された。Décret nº 2017-1698 du 15 décembre 2017 portant diverses mesures relatives à la procédure suivie devant le conseil de prud'hommes.

[125] Cons. const. 7 sept. 2017 nº 2017-751, Cons. const. 21 mars 2018 nº 2018-671.

[126] 不当解雇賠償金の上限額設定の適法性については、欧州社会憲章および ILO 条約への適合性の観点から学説上議論が展開されている。J. Mouly, L'indemnisation du licenciement injustifié à l'épreuve des normes supra-légales, Dr. ouvr., 2018, p.435.

[127] CFDT、FTM-CGT におけるインタビュー調査による。

[128] J.-E. Ray, *op. cit.,* p.379. A. Lyon-Caen 氏へのインタビュー調査でも同様の指摘がなされた。

[129] J.-E. Ray, *op. cit.,* p.383 et s.

図表２－２－５　2017年オルドナンスによる賠償金の上限額・下限額

当該企業における 労働者の勤続年数（満年）	賠償金の下限 （税引き前賃金月数）	賠償金の上限 （税引き前賃金の月数）
0	なし	1
1	1	2
2	3	3,5
3	3	4
4	3	5
5	3	6
6	3	7
7	3	8
8	3	8
9	3	9
10	3	10
11	3	10,5
12	3	11
13	3	11,5
14	3	12
15	3	13
16	3	13,5
17	3	14
18	3	14,5
19	3	15
20	3	15,5
21	3	16
22	3	16,5
23	3	17
24	3	17,5
25	3	18
26	3	18,5
27	3	19
28	3	19,5
29	3	20
30 以上	3	20

図表２－２－６　2017 年賠償金オルドナンスによる下限額の例外（従業員 11 人未満の企業）

当該企業における労働者の勤続年数（満年）	賠償金の下限（税引き前賃金月数）
0	なし
1	0,5
2	0,5
3	1
4	1
5	1,5
6	1,5
7	2
8	2
9	2,5
10	2,5

3　解雇無効原因と法的救済の方法

　実定法上禁止されている解雇理由にもとづく解雇は「違法（illégal）」であり、これは、解雇理由の正当化要件を欠く不当解雇とは区別され、その法的救済ないし制裁も異なる。違法解雇の場合、その法的効果として、当該解雇は無効であり、原則として、労働者は、復職の権利を有するとともに、解雇期間中に受領することができたであろう賃金相当額の損害賠償を請求することができる[130]。また、労働者が労働契約の継続（復職）を望まない場合の救済については、不当解雇同様、賃金 6 ヵ月分以上の賠償金を請求することが判例上認められている[131]。

　近年の労働法改革では、違法解雇を構成する事由および法的救済に関する規定が、雇用終了分野の一規定として新たに設けられた（L1235-3-1 条）。

　まず、判例上確立していた法的救済のルールが 2016 年法で明文化された。すなわち、解雇禁止規定に違反して労働者が解雇された場合において、当該労働者が労働契約の履行の継続を請求しないとき、または、復職が不可能な場合、その制裁として、裁判所は、使用者に対して、直近 6 ヵ月分の賃金相当額以上の賠償金の支払いを命じる。かかる下限額は、従来の不当解雇賠償金の下限額に由来するものであるが、不当解雇賠償金の一覧表を導入した 2017 年オルドナンスは、違法解雇の金銭救済について不当解雇賠償金の一覧表を適用しないことを明示的に規定している（L1235-3-1 条 1 項）。すなわち、違法解雇の賠償金については、6 ヶ月の下限額が維持され、上限額も存在しない。

---

[130] J.-E. Ray, *op. cit.*, pp.384-386.
[131] *Ibid.*

次に、2017 年オルドナンスでは、違法解雇の対象となる具体的な事由が列挙された（L1235-3-1 条 2 項以下）。すなわち、①基本的自由の侵害に属する解雇、②モラルハラスメントまたはセクシュアルハラスメントに属する解雇、③差別的解雇、④男女間の職業的平等に関して裁判所に訴えを提起したことあるいは刑事告発を理由とする解雇、⑤要保護労働者（従業員代表、組合代表等）の権限行使を理由とする解雇、⑥特別な保護（母性、不適格認定を受けた労働者）に反してなされた解雇、である。解雇禁止規定は、従来も項目ごとに労働法典上規定されていたが、2017 年オルドナンス以降は労働契約終了に関する一規定として併せて明記がなされたということである。

4　法定解雇補償金

　解雇補償金（indemnité de licenciement）とは、使用者が労働者を解雇するにあたって支払う金銭であり、使用者による一方的な解約権行使に伴う労働者の失業という不利益に対して経済的な補償を与えることを目的とするものである。

　解雇補償金の受給権に関して、L1234-9 条は、従来、①当該企業における勤続年数が 1 年以上であること、および、②当該解雇が労働者の重大な非行（faute grave）にもとづくものでないこと、の 2 つの要件を課していた。また、その額は、従来、勤続年数 1 年につき、10 年までについては基礎額の 5 分の 1、および、10 年超についてはさらに基礎額の 15 分の 2 の額を加算した額（＝基礎額の 3 分の 1）として計算される合計額とされていた（下記参照）。

　2017 年オルドナンスでは、上記①の勤続年数に関する要件が 1 年から 8 ヵ月に短縮された。また、法定解雇補償金の増額に関する 2017 年 9 月 25 日のデクレ[132]により、計算方法が一部改められた。労働者が受給する補償金の額は、直近 12 ヵ月の税引き前賃金の平均月額（勤続年数が 12 ヵ月に満たない場合には解雇前に支給された税引き前賃金額の平均月額）または直近 3 ヵ月の税引き前賃金の平均月額のうち、より高い方を基礎額として、勤続年数 1 年につき、10 年までは基礎額の 4 分の 1、および 10 年超の部分については基礎額の 3 分の 1 の額として計算される合計額となることが新たに示された（R1234-2 条および R1234-4 条、下記参照）。

　以上は労働者にとって有利な法改正である。ただし、労働法改革全体との関係では、その他の改革（規制緩和）に対する代償として位置付けられる[133]。

---

[132] Décret n° 2017-1398 du 25 septembre 2017 portant revalorisation de l'indemnité légale de licenciement.
[133] A. Lyon-Caen (Dir), *op. cit,* p.281

・従来の計算式

　勤続年数 10 年以下　＝　平均賃金月額（税引前）× 勤続年数 ×1/5

　勤続年数 10 年超　＝　平均賃金月額（税引前）×（ 2 ＋（勤続年数 − 10 ）× 1/3 ）

・現在の計算式

　勤続年数 10 年以下　＝　平均賃金月額（税引前）× 勤続年数 ×1/4

　勤続年数 10 年超　＝　平均賃金月額（税引前）×（ 2.5 ＋（勤続年数 − 10 ）× 1/3 ）

5　労働契約の破棄に関する提訴可能期間（時効）

　労働契約の履行および労働契約の破棄に関する訴権の時効は、これまで 24 ヵ月（2 年）だった（旧 L1471-1 条 1 項）。もっとも、法定合意解約（rupture conventionnelle）や経済的解雇に関する訴権の時効期間は 12 ヵ月であり（L1237-14 条、L1235-7 条）、労働契約の破棄に関する訴権の時効には、相違が生じていた。

　2017 年授権法の事前評価書では、わかりやすさという観点から、労働契約終了に関する時効期間の調和の必要性が指摘された[134]。2017 年オルドナンスでは、解雇その他の労働契約の破棄に関する訴権の時効を原則として 12 ヵ月（1 年）とする改正が行われた[135]（L1471-1 条 2 項）。つまり、労働契約の破棄に関する時効期間のみ 2 年から 1 年に短縮され、これにより、労働契約の破棄に関する訴権の時効期間が統一されたということである。これらはいずれも裁判所の訴訟件数を減らすことに資するものとされ、また同時に使用者側にとっての訴訟リスクを軽減するものと認識されている[136]。

　なお、上記の定めは一般原則として機能するものであり、特別法により異なる期間が定められている場合には適用除外となる（L1471-1 条 3 項）。たとえば、差別や精神的または性的ハラスメントを理由とする解雇（5 年）や、退職時の賃金清算確認書（6 ヶ月）、経済的解雇の手続きにおいて求められる雇用保護計画の認証または認可にかかる行政訴訟（2 ヶ月）などがこれにあたる。

---

[134] Etude d'impact, *op. cit.*, p.56.

[135] 労働法分野における時効制度は、近年の労働法改革により全体として短縮傾向にある。詳しくは、細川良「フランスにおける労働関係にかかる「時効」」（労働法律旬報 1906 号（2018）15 頁）を参照されたい。

[136] A. Lyon-Caen 氏、J. Frayssinet 氏へのインタビュー調査による。労働組合へのインタビューでは、失業後の生活の再建（失業保険に関する手続き、転職活動など）を考慮した場合 1 年という期間が短すぎるのではないかとの批判（FTM-CGT へのインタビュー調査による）や、紛争件数の減少という効果については、時効期間以外にも近年の労働裁判所改革により、労働裁判所に提訴する際に提出が求められる書面準備に要する負担が増加したことの影響が指摘された（CFDT、FTM-CGT へのインタビュー調査による）。

第3節　経済的理由による雇用終了

1　経済的解雇における経済的理由とその評価範囲

（1）経済的理由

　従来、経済的解雇は、「労働者本人とは無関係の、特に、経済的困難または技術革新の結果として生じた、雇用の廃止もしくは変動または労働契約の本質的な要素の変更への労働者の拒否に起因する1もしくは複数の理由により使用者によってなされる解雇」と定義されていた（旧L1233-3条1項）。すなわち、経済的解雇の要因となる経済的理由については、「経済的困難」と「技術革新」の2つが例示列挙されていたのである[137]。もっとも、経済的困難の考慮要素については条文上明らかにされておらず、判例上、注文数の減少、売上高の目標未達、営業損失、資金繰りの悪化、市場喪失、労働コストの増大など、さまざまな観点から判断がなされていた[138]。また、上記の2つのほか、「競争力の保護の必要性（にもとづきなされる当該企業の組織再編）[139]」および「（完全な）事業活動の停止[140]」が解雇の経済的理由を構成することが判例上認められていた。とくに、前者の競争力保護については、企業が人員削減を行う際に挙げられる理由の大きな割合を占めていたとされる[141]。

　2016年のエル・コムリ法案に際して提出された事前評価書では、経済的解雇に関する紛争の主要な争点が経済的理由の存否であるという認識のもと、「経済的困難」が正当化される具体的な基準を明らかにすること、および、判例上認められている上記2つの理由を法文に追加することによって、解雇の経済的理由を明確化することの必要性が指摘された[142]。これらは、とりわけ、労務管理資源に乏しく適切な法的助言を得ることができない環境にある中小・零細企業の使用者に対して、経済的理由が正当化される基準を明確に示し、そのようにして雇入れの障害を取り除くこと、これと併せて、有期雇用の増加を回避することが法改正の趣旨であると説明されている[143]。

　2016年法では、経済的解雇の定義規定であるL1233-3条が改正され、解雇の経済的理由として、「競争力維持のために必要な企業再編」と「事業活動の停止」が新たに条文上列挙された。また、「経済的困難」については、経済的困難の存否に関する考慮要素－注文数の減少、売上高の低下、営業損失、資金繰りの悪化、利払い・償却・税引前利益（l'excédent brut d'exploitation）の悪化、あるいは、その他経済的困難を正当化する性質の要素－が列挙され、

---

[137] 法文上これらの要因は「特に(notamment)」の文言に続けて列挙されていることから、一般に例示列挙だと解されている。

[138] F. Favennec-Héry et P.-Y. Verkindt, *op.cit*, p.559, Etude d'impact, « Projet de loi visant à instituer de nouvelles libertés et de nouvelles protections pour les entreprises et les actifs », NOR : ETSX1604461L/Bleue-1, pp.263-265

[139] Cass. soc., 5 avr. 1995, n° 93-42.690.

[140] Cass. soc., 16 janvier, 2001 n° 98-44.647.

[141] 2016年エル・コムリ法案に際して提出された事前評価書では、人員削減にあたって作成および提出が義務付けられている「雇用保護計画（plan de sauvegarde de l'emploi）」に記載された理由のうち、企業の競争力保護を挙げた割合が44.5%だったことが指摘されている。Etude d'impact, op.cit., p.263.

[142] *Ibid*, pp.267-269.

[143] Projet de loi, *Ass. Nat.*, n° 3600, Exposé des motifs, p.22-23.

これら経済指標の少なくともひとつが著しく変化することによって特徴づけられると規定された。さらに、注文数の減少または売上高の著しい低下については、当該企業の従業員数ごとに異なる評価対象期間（表2-3-1）との比較において認められることが規定された。

表2-3-1　経済的困難の評価基準

当該企業の従業員数	評価対象期間
11 人未満	1 四半期
11 人以上 50 人未満	2 四半期
50 人以上 300 人未満	3 四半期
300 人以上	4 四半期

（2）経済的理由の評価範囲

　経済的理由の評価範囲については、従来、明文規定が存在しなかった。そのため、とりわけグループに属する企業の経済的理由の存否が問題となる場合、これを企業レベルで評価するのか、グループレベルで評価するのか、不明確な状況だった。この点、判例は、解雇を実施した使用者（企業）がフランス国内で展開するグループに属している場合や国際的に展開するグループに属している場合、経済的理由の有無および程度は、解雇を実施した企業のレベルで評価するのではなく、より広い範囲、すなわち、当該企業が属するグループの事業活動領域（secteur d'activité）のレベルで評価すべきとしていた[144]。また、判例は、評価対象となるグループないし事業活動領域がフランス国内に所在する企業に限定されないこと[145]、すなわち、国外に所在する企業も含めて評価されるものと判示していた。

　2017 年オルドナンスでは、解雇の経済的理由の評価を、企業、または、グループに属している場合にはグループを単位とすること、また、グループに属している場合には、当該企業と共通する事業活動領域を単位として、かつ、フランス国内のレベルで評価することが新たに規定された（L1233-3 条 12 項）。また、2017 年オルドナンスは、評価対象となる「グループ」および「事業活動領域」について定義規定を設けることで評価対象の明確化を行なっている。まず、グループについては、グループの支配企業の本店所在地がフランス国内に設置されている場合と、グループの支配企業の本店所在地がフランス国外の場合とに区別される。前者の場合には、商法典上定められた資本・支配関係（商法典 L233-1 条、L233-3 条 I および II ならびに L233-16 条）を基礎に、支配企業と当該企業の支配下にある企業とによって構成されるものとして、また、後者の場合には、フランス国内に設置されている企業すべてによって構成されるものとして定義している（L1233-3 条 13 項）。次に、事業活動領域については、「とくに財や役務といった、提供される商品の性質、対象とする顧客、供給網およびその

---

[144] Soc. 5 avril 1995 nº 93-42.690.
[145] Cass. soc., 12 juin 2001, nº 99-41.839.

—47—

方法が同一の市場に関係していることによって特徴づけられる」ものと規定している（同 14 項）。これらは、判例上採用された基準を明文化したものである[146]。

2　経済的解雇における使用者の再配置義務の検討範囲

　再配置義務とは、使用者に対して課される解雇回避義務のひとつであり、使用者は、経済的解雇を行うに先立ち、経済的解雇の対象となる労働者の再配置を試みることが求められる（L1233-4 条）[147] [148]。使用者が労働者に再配置を提案しなかった場合、または、使用者による再配置義務の履行が不十分と判断された場合、当該解雇は、正当化要件である「現実かつ重大な事由」を欠くものとして不当解雇の評価を受けることとなる。また、経済的解雇を行う使用者がグループに属している場合について、労働法典は、使用者に対して、法人の枠を超えて、当該企業が属する国内のグループ企業の範囲で配置可能なポストを探すことを求め（同 1 項）、また、国外への再配置については、労働者が使用者に対してその提案を請求することができると規定していた[149]（旧 L1233-4-1 条）。

　2017 年の授権法案に際して提出された事前評価書では、再配置義務の有用性が認められる一方で、再配置の提案が各労働者に対して個別に書面にて詳細になされなければならないことから、その実施方法の点において使用者にとって負担が大きく、また、法的な不安定さを伴うものであることが指摘されている[150]。そのうえで、再配置の実施手続きが簡素化されること、例えば、企業のイントラネット上に再配置先の情報を掲示して労働者がアクセスできる方法など、労働者への情報提供においてデジタル技術を活用することが提言されている[151]。

　2017 年オルドナンスでは、使用者の再配置義務に関する規定が以下のとおり改正された。第 1 に、使用者が再配置先を検討すべきグループ企業について明確化がなされた。検討対象となるグループ企業とは、同一のグループに属する企業のうち、「その組織、事業活動または営業場所が従業員の全部または一部の配置転換を可能とする」企業である（L1233-4 条 1 項）。また、グループの範囲については、経済的理由の評価範囲に関する規定と同一の基準（上記 2 参照）が採用されている（同 2 項）。第 2 に、再配置先のポストに関する労働者への情報提供の方法が、労働者への個別の通知のほか、労働者全体に配置可能なポストの一覧を配布する方法が新たに追加された（同 5 項）。第 3 に、国外の再配置先検討義務に関する条文が削除された。その結果、使用者は、国外の再配置先検討義務を負わないこととなる。

---

[146] A. Lyon-Caen (Dir.), *op. cit.*, p.265.
[147] 解雇対象となる各労働者との関係で、再配置のほか、使用者には、職業教育等を通じた適応化の義務が課される（L1233-4 条 1 項）。
[148] 使用者が提案すべき再配置先は、同一の職種（職業資格・報酬）に属する雇用を原則とするが、配置可能な雇用がない場合には、労働者の同意を条件に、下位の職種に属する雇用について提案することも求められる（L1233-4 条 2 項）。
[149] 国外への再配置の申込みについては、再配置先国の賃金に照らし低い賃金水準による申込みがなされる恐れがあることから、特別な手続きが設けられたという経緯がある。細川＝古賀・前掲書 83 頁参照。
[150] Etude d'impact, supra note 94, pp.42-43.
[151] *Ibid.*, p.56

3 協定型集団的合意解約の創設

　フランスでは、「経済的事由にもとづくすべての契約破棄」が経済的解雇に関する法規制に服すると定められている（L1233-3条）。そのため、解雇以外の方法によって人員削減を行う場合も、使用者には、労働法典に定められた経済的解雇に関する一定の義務が課される。とくに使用者が大規模な（従業員50人以上の企業において30日の期間内に10人以上の）人員削減を行う場合、経済的解雇に関する手続きのひとつとして、当該使用者には、解雇回避を目的とする任意退職計画の作成・実施、企業内またはグループ内での再配置による解雇回避の試みや退職者への再就職支援措置の実施等を内容とする「雇用保護計画」の作成[152]およびその実施が義務づけられる（L1233-61条以下）。このようにして経済的解雇法の適用範囲が拡大された背景には、希望退職によって人員削減が実施される場合に、従業員代表機関との協議手続きなど解雇規制が潜脱ないし回避されるリスクに対応するという目的があった[153]。

　2017年オルドナンスは、「集団的枠組みにもとづく双方の合意による破棄」と題する一節を「その他の契約破棄方式」に関する章の中に新設し、人員削減ないし人員整理の一環としてなされる合意解約による雇用終了を独自の法的枠組みのなかに位置付けた。2017年オルドナンスは、集団的枠組みにもとづく合意解約が解雇とは区別されること（L1237-17条2項）、および、経済的解雇法の適用を受けないこと（L1233-3条15項）を明示的に規定している[154]。

　集団的枠組みにもとづく合意解約には、将来の雇用予測にもとづき、使用者が労働者に労働移動（転職）を促し、労働者が「移動休暇（congé de mobilité）」を取得することによって生じる合意解約と希望退職者の募集を内容とする協定型集団的合意解約（rupture conventionnelle collective）の2種類がある。

（1）移動休暇

　移動休暇とは、将来の雇用予測に関する分析にもとづく雇用管理上の対応に関する「雇用・能力の予測管理協定[155]（GPEC協定）」において任意に定めることができる（L2242-21条）、労働移動を促進するための合意解約の仕組みである。従来、移動休暇に関する規定は、経済的解雇の手続きとは無関係であるあるものの、経済的解雇に関する章の中に位置付けられていた（旧L1233-77条以下）。移動休暇は、労働契約の終了を前提とする再就職に向けた休暇であり、使用者が労働者に対して提案することができるものである。この提案に同意した労働者には、再就職支援措置として、職業教育を受けること、あるいは当該企業の別の部署や他の企業において実際に就労することが認められる。また、労働契約は、休暇期間の満了を

---

[152] 雇用保護計画の内容は、使用者が一方的に決定するほか、労働組合との集団協定によって作成することができる（L1233-24-1条）。

[153] A. Mazeaud, Droit du travail 10ᵉ éd., LGDJ, 2016, p.506.

[154] なお、合意解約による労働契約終了については、その手続き等に関して定める法定合意解約（L1237-11条以下）が存在するが、その適用も受けない（L1237-16条）。

[155] なお、2017年の労働法改革では、名称が「雇用および職業行程の管理（Gestion des emplois et des parcours professionnels）」へと改称された（L2242-20条以下）が、本稿では、旧来のまま「GPEC協定」と表記する。

もって、両者の合意により終了する。ただし、判例では、移動休暇により当該労働契約が合意によって終了したとしても、法体系上の位置づけから、当該休暇に同意した労働者が、その基礎となる経済的理由について争うことができるとの判断が示されていた[156]。

2017年授権法の事前評価書では、移動休暇制度が労働者のキャリア支援の一手段として有用性が認められる一方で、法的な不安定性を伴うことについて指摘がなされており、自発的な労働移動の促進という観点から、かかる仕組みを法的に安定化させることの必要性が述べられている[157]。

2017年オルドナンスは、法的安定性の向上という要請のもと、法体系上、移動休暇を経済的解雇法から独立させ、経済的解雇に関する法規制が適用されないことを明らかにした。もっとも、行政機関との関係では、移動休暇を利用する場合、使用者には、移動休暇にもとづく雇用終了について（人数、再就職支援の内容、移動休暇後の労働者の状況）、行政機関（所轄の地方労働局長）に書面にて通知することが求められる（L1237-18-5条、D1237-18-5条）。

なお、移動休暇は、GPEC協定のほか、希望退職者募集のための集団協定（下記イ）にもとづいて提案することも認められる（L1237-18条）。また、2017年オルドナンスでは、GPEC協定に関する交渉が義務づけられる企業の範囲が、従業員1000人以上の企業から、従業員300人以上の企業もしくはグループ、または、欧州共同体もしくは欧州経済圏（espace économique européen）内で1000人以上を雇用し、そのうち150人以上をフランス国内で雇用している企業へと拡大された。これにより、移動休暇の適用対象企業も拡大された。

（2）協定型集団的合意解約

人員削減の過程においてなされる希望退職者の募集には、経済的解雇の過程でなされる希望退職者の募集と、解雇を一切予定していないものとが存在するが、法体系上、それぞれ経済的解雇法の適用を受けるものとして位置づけられていた。そのため、目標数に達しない場合であっても解雇を行わないことがあらかじめ明示されている希望退職計画の場合であっても、使用者には、複雑かつ長期にわたる経済的解雇の手続きの実施が課されていた[158]。

2017年授権法の事前評価書では、移動休暇同様、自発的な労働移動（転職）とその支援が人員整理の過程で有用なものと認められる一方で、長期かつ複雑な手続きの実施義務が足かせとなっているとの指摘がなされ、労働者への情報提供・意見聴取、再就職支援など、使用者の遵守すべき義務を明確にしたうえで、希望退職制度の利用を促進させることが提言された[159]。

2017年オルドナンスでは、退職希望者が人員削減の目標数に達しない場合であっても、直ちに経済的解雇に移行しないことを条件とする、協定型集団的合意解約の制度が新たに設け

---

[156] Cass. soc., 12 nov. 2015, n° 14-15.430.
[157] Etude d'impact, *op. cit.*, p.40, p.56.
[158] このような解雇を伴わない希望退職者の募集の場合、経済的解雇に関する義務はその一部（企業内またはグループ内への再配置に関する義務）が免除される。Cass. soc., 26 oct. 2010, n° 09-15.187.
[159] Etude d'impact, *op. cit.*, pp.40-41, p.56.

られた。新制度により希望退職者を募集する場合、上記のとおり、使用者には経済的解雇に
関する義務（とくに雇用保護計画の作成義務）が課されない。ただし、手続きに関する一部
の事項については、経済的解雇に関する法規制と類似する規定が設けられている。

ア　集団協定の締結にかかる手続き－団体交渉・行政機関への通知および審査
　協定型集団的合意解約では、まず、その具体的な実施方法および条件について集団協定を
締結して定めることが求められる[160]（L1237-19-1条）。集団協定の義務的記載事項としては、
法文上、8つの事項（①社会経済委員会への情報提供の方法、②退職者ないし廃止される雇
用の最大数および計画の実施期間、③応募条件、④応募者間における選定基準、⑤労働者に
付与される解約補償金の計算方法、⑥潜在的対象候補者決定の基準、⑦退職前の職に相当す
る職への再就職を容易にするための各種措置、⑧実施にあたってのフォローアップの方法）
が列挙されている（同条1号ないし8号）。
　次に、使用者には、協定型集団的合意解約協定のための団体交渉が開始されたことについ
て行政機関に通知することが求められ（L1237-19条）、また、実際に締結された集団協定は、
行政機関による認証（validation）審査に服することとなる（L1237-19-3条2項）。このように
して行政機関が関与する仕組みは、経済的解雇を実行するにあたって作成が義務付けられて
いる雇用保護計画と共通する[161]。行政機関による認証の審査および決定については、原則と
して、所轄の地方労働局長（DIRECCTE）が管轄権を有し（R1237-6条）、集団協定が適法に
締結されていること、上記⑦の再就職支援措置が含まれていること、および、上記①の社会
経済委員会への情報提供方法の適法性について審査がなされる（同条2項各号）。地方労働局
長は、申請から15日以内に認証の決定または決定拒否について判断しなければならない
（L1237-19-4条1項）。ただし、地方労働局長がこの期間内に認証または認証拒否の決定を
行わず、沈黙を守った場合、認証決定がなされたものとみなされる（同3項）。
　行政機関により認証拒否決定がなされた場合において、使用者が当該希望退職計画の実施
をなお望むとき、当該使用者は、必要な修正を施し、社会経済委員会に通知した後に、新た
な申請を行うことができる（L1237-19-6条）。
　他方で、認証決定に関する不服申立てを望む場合、使用者または場合によっては労働組合
もしくは労働者は、行政機関による決定通知の日もしくはそれを知るに至った日から2ヵ月
以内に管轄権を有する行政裁判所に対して訴訟を提起することができる（L1237-19-8条2項、
L1235-7-1条）。かかる不服申立ての仕組みも、経済的解雇における雇用保護計画の認可・認
証の決定または拒否決定に適用される行政訴訟の仕組みと同一である。

---

[160] 集団協定の締結にあたっては、2018年5月1日以降、職場選挙の第1回投票において合計50％以上の得票を
　　得た1または複数の代表的組合によって署名されることが求められる。団体交渉法制の変更点については第
　　1章参照。
[161] 雇用保護計画は、代表的労働組合との集団協定によって作成する方法と使用者が一方的に作成する方法があ
　　る。行政機関による審査との関係では、前者の場合が認証、後者の場合が認可（homologation）を得ることが
　　必要となる。細川＝古賀・前掲書73頁以下参照。

イ　労働契約の破棄

　協定型集団的合意解約を利用して労働者が退職するとき、労働契約は、労働者の応募に対する使用者による承諾によって、両当事者間の合意によって終了する（L1237-19-2条1項）。労働者または使用者によって労働契約の終了が強制されることができない旨の原則を示す規定（L1237-17条2項）こそあるものの、協定型集団的合意解約においては、法定合意解約で設けられている合意書面への署名後の撤回可能期間など個別労働者の同意の自由を担保するための具体的な仕組みは設けられていない。ただし、従業員代表など解雇に対する特別の保護を享受する労働者[162]については、これらの労働者を解雇する場合同様、事前に労働監督官の許可が必要である（L1237-19-2条2項）。

　協定型集団的合意解約協定を利用して退職する労働者には、当該協定で定められた解約補償金が付与され、また、失業保険手当の受給資格についても、その他の受給資格要件を満たすことを条件に認められる（L5421-1条）。これらは、いずれも法定合意解約制度において認められている労働者の権利と同一であり、とくに後者については失業保険制度との接続関係を明確するものである[163]。これらに加え、労働者は集団協定によって定められる再就職支援のための各種措置として、職業教育、職業経験値認証、職業転換等の支援を享受することができる。他方で、協定型集団的合意解約協定にもとづく合意解約は、経済的解雇ではないことから、経済的理由により解雇された労働者に認められる特別な権利（再雇用の優先権など）は当然認められない。

　協定型集団的合意解約にもとづき退職する労働者は、個別の合意解約の有効性について司法裁判所（労働裁判所）で争うことができる。もっとも、その場合、労働者は、人員削減にかかる経済的事由等について争うことはできず、もっぱら意思表示の瑕疵について争うことができるものと解されている[164]。

ウ　その他─地域雇用圏の再活性化への貢献

　協定型集団的合意解約により人員削減を行う使用者は、人員削減に伴う雇用の廃止が当該地域雇用圏に影響を及ぼすとき、地域雇用圏の再活性化のために貢献する義務を負う（L1237-19-9条）。この義務は、主として1000人以上の労働者を雇用する企業およびグループを対象とし、対象となる使用者は、当該地域雇用圏における事業創設や雇用の発展への貢献、当該地域雇用圏に属する他の企業に対する影響緩和等に関する行動や費用負担について行政機関との間で協定を締結しなければならない。地域社会に対する責任という観点から、人員削減を行う企業に対して財政拠出等を求める仕組みは、経済的解雇を実施する場合も同様である（L1233-84条以下）[*]。

---

[162] 詳しくは、小山敬晴「組合代表および従業員代表等の解雇からの特別な保護」労働法律旬報1830号16頁。
[163] 失業保険制度との接続関係を明確することのフランス独自の意義については、細川＝古賀・前掲書103-104頁。
[164] A. Lyon-Caen, *op. cit.*, p.313
[*] ［付記］本章は、JSPS科研費JP18H05661の成果の一部である。

おわりに　フランス労働法改革の意義と労使関係への影響[165]

　ここまで、エル・コムリ法以降のフランスの労働法改革について、第1章では集団的規範設定システムの改革について、第2章では解雇を中心とした労働契約の終了に関する法制度の改革について検討を行った。

　そこで、本章では、まとめとして、まずここまでで確認された労働法改革の内容について簡単に整理し（1）、労働法改革の背景を踏まえた上で、労使関係への影響について考察する（2）。

1　労働法改革の内容

　まず、エル・コムリ法以降の労働法改革について、（1）集団的規範設定システムの改革について、および（2）解雇を中心とした労働契約の終了に関する法制度の改革について、簡単に整理する。

（1）集団的規範設定システムの改革

　集団的規範設定システムの改革について言えば、やはり理論的に最も重要な改革は、労働協約（および団体交渉）における産業レベルと企業レベルとの関係を再構築したことであるといえよう。すなわち、エル・コムリ法から2017年のオルドナンス1385号を通じて、労働協約が定める事項は、①産業別労働協約が優先される事項、②優先順位を産業別労働協約によって決定する事項、および③企業別協定が優先される事項の3つの類型に整理された。この3つの分類自体は、原則として産業別協約が優先される、いわゆる有利原則が採用されていた伝統的な集団的規範設定システムと比べた場合には大きな変化と評価し得るものの、すでに2000年代には労働時間に関する法律上の規制の適用除外について、産業別労働協約ではなく企業別協定によって行うことが原則とされていたことからすれば、一見して大きな変化であるようには見受けられない。しかし、以下の2つの点から、やはり今回の改革は、理論的には重要な意味を有する改革であると評価できる。

　すなわち、第一に、オルドナンス1385号以前においては、あくまでも産業別協約が企業別協定よりも上位にあるという有利原則にもとづく伝統的な規範の階層性を前提としつつ、企業別協定は、産業別協約に対して適用除外を行うという方式をとっていたのに対し、オルドナンス1385号は、この規範の階層性そのものを解体し、交渉事項に応じて適用の優先順位を整理するという形を採用した点を指摘する必要がある。すなわち、オルドナンス1385号によ

---

[165] 本章の執筆にあたっては、第1章及び第2章、そこで参照した文献に加え、筆者がフランスにおいて実施したヒアリング調査の内容を参照している。ヒアリングにご協力いただいた労働組合、使用者団体、および研究者の方々に御礼申し上げたい。

−53−

って、少なくとも理論的には、フランスの伝統的な集団的規範設定システムの基盤であった、規範の階層性そのものが解体されたという点で、フランスの集団的規範設定システムは、大きな転換を行ったと評価することができよう。その意味では、一連の労働法改革の中でも、エル・コムリ法からオルドナンス1385号にかけて、大きな理論的飛躍が生じたものと評価することができる。第二に、オルドナンス1385号は、確かに交渉事項ごとに適用の優先順位を①産業別協約が優先する事項、②優先順位を産業別協約で決定する事項、③企業別協定する事項の3種に整理している。しかしながら、その内容を見ると、産業別協約が優先する、あるいは優先順位を産業別協約で決定する事項[166]は、基本的に公序に関する事項（例えば、職務等級別の最低賃金、男女平等に関する事項）に限定されており、それらを除く大部分の労働条件に関する部分は、企業別協定が優先することとされている。この結果、実際には企業別協定の優位がより明確なものとなったとの評価が多くなされているところである。少なくとも、この改革により、産業別協約の性質について、当該産業における「最低基準」としての性格が、より強調されることとなったことは否めないであろう。

　次に、集団的規範設定システムにかかる改革として重要なものとしては、企業別協定の有効性に関する「過半数原則」の強化であろう。すなわち、フランスの伝統的な労働協約システムにおいては、代表的労働組合のうち1つでも協約に署名すればその効力が発生し、署名した組合の組合員のみならず、当該協約の適用範囲にあるすべての労働者（および当該使用者ないし当該産業に属するすべての使用者）に適用されるものとされてきた。こうした代表的労働組合に強く依存した労働協約の効力に関するシステムは、代表的労働組合という概念そのものに対する疑義と相まって、すでに2000年代から徐々に「過半数原則」を強化する形で後退を見せていた。そして、オルドナンス1385号は、企業別協定が効力を有する条件について、この過半数原則をより徹底し、過半数の支持を受けた1または複数の労働組合が署名した場合か、労働者の直接投票（レフェランダム）による過半数の支持を得た場合に限ることとしたのである。この改革についても、フランスにおける伝統的な集団的規範設定システムとの関係では、次にあげる小規模企業における直接投票等を通じた協定の締結手法と並んで、大きな理論的転換をなすものと評価できよう。すなわち、フランスにおいては、代表的労働組合が、組合員ではなくすべての労働者を代表する公的な存在として、集団的規範設定の担い手として活動してきた。そこには本来、直接民主主義的な契機は必ずしも存在するものではなく、現に1946年憲法第8項も、集団的な労働条件決定について、労働者はあくまでも「代表を通じて」これに参加すると規定されていたのである。その意味で、労働協約を通じた規範設定につき、このように直接民主主義的な手法へと大きく舵を切ったオルドナンス1385号による改革は、やはり重大な理論的変化をもたらすものと評価できよう[167]。

---

[166] これについては、一般に産業別協約が優先するとの定めがされる可能性が高いと考えられている。

[167] 特に、従業員の直接投票（レフェランダム）による企業別協定の発効については、第1章の中でも述べたように、1946年憲法前文第8項への抵触の可能性が指摘されている。

−54−

これと関連して、主として小企業における、従業員の直接投票を通じた企業別協定の締結システムの導入も、重要な改革の1つと言える。この改革は、1980年代以降、とりわけ2000年代以降に取り組まれてきた、企業内組合支部がない企業における労使対話の促進政策の延長上にあるものと位置付けることが可能であり、その限りでは従来の法政策の延長とも評価できる。ただし、上記のとおり、とりわけ従業員数11人未満の事業場について導入された、使用者による提案と、それに対する従業員の直接投票のみによって企業別協定が成立するという仕組みは、労働組合のみならず、従業員を代表する者を含めた、労働者の「代表」が一切介在しない仕組みとなっている点で、従来の集団的規範設定システムのみならず、労働条件決定にかかる憲法規範とも抵触しうるものであり、重大な改革と評価することができるだろう。

　最後に、企業別協定による事実上の労働契約の修正の可能性が大きく拡大されることとなった点が重要である。すなわち、フランスにおいては、（労働法というよりは民法理論における伝統ではあるが）契約の個別性が非常に重視され、その帰結として、労働協約の変更によって個別の労働契約の内容を変更することは認められないとされており、また労働契約の変更を拒否したことを理由とする解雇は、基本的に現実かつ重大な事由を欠くものとして不当解雇とにあたるとされてきた。これについても、2013年以降、事由を限定し、かつ協定にもとづく労働契約の変更を拒否することが解雇事由になりうる（当該事由の正当性についてはなお審査対象となる）という制約の下で、実質的な労働契約の修正の可能性が広げられてきた。そして、2017年9月のオルドナンスは、この労働契約の修正を伴う企業別協定の事由について、幅広く経営上の必要性へと拡大するとともに、当該協定にもとづく労働契約の変更を拒否することが「正当な」解雇事由となりうるとしたのである。これは、当該労働契約の変更を打診された労働者にとっては、（適法な解雇として）解雇されるか、労働契約の（不利益）変更を受け入れるかの二択を迫られるものであり、実質的には非常に強力な強制力を持って企業別協定にもとづく労働契約の修正を迫るものとして機能しうる。確かに、本オルドナンスをもってしても、企業別協定が直接的に個別の労働契約を修正できるわけではないという点では、従来からの契約理論の枠組みを維持した者とも評価できようが、実質的には、その利用事由の拡大と相まって、労働契約の個別性について、大きな修正を行う改革と評価できよう。

（2）労働契約の終了に関する法制度の改革

　解雇を中心とした労働契約の終了に関する法制度の改革は、普通解雇に関する改革と、経済的解雇等に関する改革に整理できる。

　普通解雇に関する改革は、解雇通知における解雇理由の明確化、不当解雇にかかる補償金の上限設定（および下限の修正）、解雇訴訟にかかる事項の短縮等がその主な内容である。また、経済的解雇等に関する改革は、経済的解雇に関する定義の修正（明確化）、経済的解雇に

おける再配置義務の範囲の縮小、集団協定にもとづく合意解約制度の創設が挙げられる。これらの改革の目的は、主として解雇に関する紛争（訴訟）になった場合も視野に入れた予測可能性及び法的安定性の追求とされている。これは、以前からのフランスの使用者団体からの要請がなされてきたという側面があると同時に、ＥＵとの関係において、「労働市場改革」を実施する必要に迫られていたという背景がある[168]ことも指摘されている。他方で、これらの改革は、解雇に直面した労働者にとっては、訴訟等によって争う上での支障となる内容が大半であることが問題点と指摘されている。結果として、解雇された労働者が「泣き寝入り」する可能性が増加する懸念が、主として労働組合から示されている点は留意する必要があろう。

2　労働法改革による労使関係への影響

　1で述べたように、エル・コムリ法から 2017 年 9 月のオルドナンスにかけての一連の労働法改革は、とりわけ理論的な観点から見た場合には、フランスにおける集団的規範設定システムに劇的な変化をもたらすものと評価しうる。もっとも、その実際的な影響については未知数であり、理論的な影響と比べた場合には、その実際的な影響については小規模なものにとどまる可能性も否定できないように思われる。

　その理由の第一としては、確かに、今回の労働法改革は、理論的には大きな転換をもたらすという意味で劇的なものではあるものの、それは突如としてもたらされたものではなく、1980 年代から行われてきた様々な改革の、いわば延長線にある（あるいは終着点との評価もある）という側面が挙げられる。実際、産業別協約と企業別協定の規範の階層性については、確かに法制度上は、オルドナンス 1385 号によって完全に覆されたこととされているが、1980年代以降の改革に対する評価でも言及したように、すでに今回の改革以前からも、大企業においては産業別協約から離れた独自の（企業別協定にもとづく）賃金体系を構築してきたことが見て取れる一方、企業内に組合支部が存在しないことが多い中小企業については、確かに従業員代表者およびレフェランダムを組合わせた協約の締結方式が創設されてはいるものの、1980 年代以降に実施されてきた従業員代表者を通じた企業別協定の仕組みがそれほど機能してこなかったこととあわせると、レフェランダムとの組み合わせによっていかほどの実際的な機能を発揮するか、未知数な面が少なくない。

　第二に、確かにレフェランダムを通じた直接投票という手法は導入されているものの、集団的な規範設定システムについて、あくまでも原則としては、集団的な労使の決定によるという枠組みを、決定的に突き崩すまでには至っていない[169]という点が挙げられる。そして、

---

[168] 第 1 章においても言及したように、産業別協約の拡張適用にかかる労働大臣の権限強化にかかる事情にも、こうした国際的な背景が影響している。また、現地調査においては、現在のフランス政府（労働省）が、フランスの労働市場改革についての「英文の」パンフレットを作製・配布する等、その「広報」に注力していることもうかがわれた。

[169] この意味で、従業員 11 人未満の企業における、労働者の「代表」が関与しない形での企業別協定の締結方式

2008年以降の労働組合の代表性改革によって、労働組合は企業レベルでの労働者の支持を得ることが、その活動の上で非常に重要視されるようになっていることからすれば、労働組合としても、労働者にとって不利益をもたらすような企業別協定には、容易には署名できないものと考えられる。その意味で、制度上は可能となった、労働者にとって不利益をもたらしうる企業別協定が、実際上はどこまで利用されるかは、やはり未知数というほかない。

　第三に、使用者サイドにおける「分権化」への温度差が挙げられる。確かに、今回の労働法改革の内容は、一定程度、使用者サイドのイニシアティブによるものであることが指摘されている。その一方で、産業レベルの使用者団体はもちろんのこと、個別企業や中小企業の使用者団体の中にも、産業別労働協約による（とりわけ人件費にかかる）過当競争の防止機能を指示するものは少なくない。その意味で、使用者側の視点からみても、今回の労働法改革によって導入された仕組みが、どの程度活用を図られるのかについては未知数である。

　以上を踏まえるならば、今回の労働法改革が持つ影響については、今後の労使の動向を慎重に観察していく必要があるということになろう。

　の導入がどの程度実務上影響力を持つかどうかについては今後の動向を注視する必要があるように思われる。他方で、こうした零細企業においては、従来から「労使関係」は存在せず、事実上、使用者による一方的な労働条件がおこなわれてきたのであり、今回の改革による影響は大きくないとする見解も聞かれた。

資 料 編

資料1

団体交渉の強化に関する 2017 年 9 月 22 日の
オルドナンス第 1385 号〔Ordonnance n°
2017-1385 du 22 septembre 2017 relative au
renforcement de la négociation collective〕翻訳

目次
第1編　団体交渉の位置づけ
第1章　企業協定または事業所協定と、より
広範である地域または職業の領域を対象とす
る協定、とりわけ産別協定との間の関係（1
条）
第2章　小企業固有の規定（2条）
第3章　一定の集団協定の利用条件および内
容の調整および単純化（3条）
第4章　集団協定についての争訟（4条）
第5章　意見聴取および団体交渉の定期性お
よび内容（5条、6条、7条）
第2編　団体交渉実施条件の促進
第1章　団体交渉の方式、集団協定の締結の
方式および労働者の意見聴取利用の方式（8
条、9条、10条）
第2章　集団協定の過半数性の評価方式（11
条）
第3章　産業部門の再編手続きの加速（12条）
第4章　使用者の情報提供義務（13条）
第3編　雑則（14条、15条、16条、17条、
18条）

（なお、条文の項数は括弧書きで表し、号数
は丸囲みで表している。）

第1編　団体交渉の位置づけ

第1章　企業協定または事業所協定と、より
広範である地域または職業の領域を対象とす
る協定、とりわけ産別協定との間の関係

第1条
①　労働法典 L2232-5 条は下記の通り作成さ
れた2項によって補完される。
「それと異なる定めを除いて、"産別協約
〔convention de branche〕"という語は、産業部
門の労働協約および協定〔la convention
collective et les accords de branche〕、職業協定
〔les accords professionnels〕および産業間協定
〔les accords interbranches〕を指す。」
②　労働法典 L2232-5-1 条は以下の通り修正
される。
a) L2232-5-1 条第1項および第2項は、次の規
定に取って代わられる。
「産業部門は以下の任務を有する。
①　労働者の雇用条件および労働条件、なら
びに、L2253-1 条および L2253-2 条に記載され
た事項に関して、当該条文によって定められ
た条件の下で労働者に適用される保障を定め
ること」
b) L2232-5-1 条第2号は削除される。
c)第3号は第2号となる。
③　L2232-11 条は下記の通り作成された2項
によって補完される。
「それと異なる定めを除いて、"企業協約
〔convention d'entreprise〕"という語は、企業
レヴェルで、または事業所レヴェルで締結さ
れるあらゆる労働協約または集団協定を指
す。」
④　L2253-1 条から L2253-3 条は、以下の規定
に取って代わられる。
「L2253-1 条　産別協約は労働者の雇用条件

—61—

および労働条件を定める。産別協約はとりわけ次の事項に関して労働者に適用される保障を定める。

① 職務等級ごとの最低賃金

② 職務等級

③ 労使同数機関財源基金の共済化

④ 職業教育基金の共済化

⑤ 社会保障法典 L912-1 条に記載された補足的な集団的保障

⑥ 本法典 L3121-14 条、L3121-44 条第 1 号、L3122-16 条、L3123-19 条第 1 項、ならびに L3123-21 条および L3123-22 条に列挙され、労働時間、労働時間配分および労働時間調整に関する措置

⑦ 本法典 L1242-8 条、L1242-13 条、L1244-3 条、L1251-12 条、L1251-35 条および L1251-36 条に定められた期間の定めのある労働契約および派遣労働契約に関する措置

⑧ 本法典 L1223-8 条に定められた工事労働契約に関する措置

⑨ 男女間の職業上の平等

⑩ 労働法典 L1221-21 条に記載された試用期間の更新条件および更新期間

⑪ L1224-1 条の適用条件が満たされないときに、2 企業間で組織される労働契約遂行の方式

⑫ 本法典 L1251-7 条第 1 号および第 2 号に記載された派遣先企業における派遣労働者の利用事由

⑬ 本法典 L1254-2 条および L1254-9 条に記載された、独立労働者〔salarié porté〕の最低報酬および業務提供手当の額

(2) 第 1 号から第 13 号に列挙された事項に関しては、産別協約の規定が、その産別協約施行日以前または以降に締結された企業協定に優越する。ただし、企業協定が同等以上の保障をする場合はその限りでない。

L2253-2 条 次の事項につき、産別協約がそのことを明示的に規定する場合、この産別協約以降に締結された企業協約は、この産別協約によりこの企業協定に適用される規定と異なる規定を含むことはできない。ただし、その企業協約が同等以上の保障を定める場合はその限りでない。

① L4161-1 条に列挙された職業的危険因子の曝露した効果の予防

② 障害労働者の雇用促進および雇用維持

③ 組合代表委員が選任されることのできる（企業）人数、組合代表委員の人数およびその者らの組合活動の有効活用

④ 危険不衛生労働手当

L2253-3 条 L2253-1 条および L2253-2 条に記載された以外の事項に関して、産別協約施行日以前または以降に締結された企業協約の条項は、産別協約によって定められた同一の目的を有する条項に優越する。企業協定が存在しない場合には、産別協約が適用される。」

第 2 章 小企業固有の規定

第 2 条

Ⅰ 同法典 L2232-10-1 条第 1 項の、「拡張された」の語は削除される。

Ⅱ 同法典 L2261-23 条の後、下記の通り作成された L2261-23-1 条を挿入する。

「L2261-23-1 条 産別協約または職業協定は、それが拡張されうるために、労働者が 50 人未満の企業については、正当化される場合を除

いて、L2232-10-1 条に記載された特別な規定を含まなければならない。」

第3章 一定の集団協定の利用条件および内容の調整および単純化

第3条

I 同法典 L2254-2 条は、次の規定によって取って代わられる。

「L2254-2 条 I 企業運営に関連する必要性に対応することまたは雇用を保持または発展することを目的として、企業協定は次のことを定めることができる。

－ 労働時間、労働時間割および配分の方式の調整

－ 法定最低賃金および L2253-1 条 I 第 1 号に記載の協約上の最低賃金を遵守した L3221-3 条の意味における賃金の調整

－ 企業内職業的異動または地理的異動の条件の決定

II 協定はその前文にその目的を定めたうえで、次のことを定めることができる。

①協定の全期間中、その適用および追跡にかかわる労働者への情報提供の態様、ならびに必要に応じて、協定の期末における労働者の状況の検証

② 協定の全期間中、下記の者が、労働者に求められるものと比例した努力を提供する条件

－協定の範囲内で活動する賃労働指揮者

－取締・監査機関の権限を遵守したうえでの、会社受任者および株主

③ 労働者のワークライフバランスの方式

(2) 協定が、とりわけ一週間を超えた準拠期間で労働時間調整措置を実施する場合には、

L3121-41 条、L3121-42 条および L3121-47 条の規定が適用される。

III 協定の条項は、法律上当然に、労働契約の反対の定めおよび両立しえない条項にとってかわる。そこには、報酬、労働時間および企業内職業異動および地理的異動を含む。

(2) 労働者は協定の適用から生ずる自己の労働契約の変更を拒否することができる。

IV 労働者は、使用者に対して書面でそれを拒否することを知らせるために、その協定の存在およびその内容に関して使用者が企業内で通知してから 1 カ月の期間を有する。

V 使用者が第 1 項記載の協定の適用を拒否した労働者に対して解雇手続きを行う場合、この解雇は現実的かつ重大な事由を構成する特別な理由に基づくことになる。この解雇は L1232-2 条から L1232-14 条ならびに L1234-1 条から L1234-11 条、L1234-14 条、L1234-18 条、L1234-19 条および L1234-20 条に定められた方式および条件にのみ服する。

VI その労働者は解雇された後、L5422-20 条に記載された協定に定められた条件の下で求職者として登録され、支援をうけることができ、補償を受け取ることができる。使用者は、デクレによって定められた条件および制限の下で、当該労働者の個人別職業教育口座に助成金を払い込む。この助成金は、口座に毎年補充される時間および L6323-11 条に記載された上限の計算方式に含まれない。」

II 同法典 L6323-15 条の、「L5151-9 条」参照の前に、「L2254-2 条」参照を挿入する。

III 労働法典第 1 部 2 巻 2 編 2 章 3 節、当該法典 L2254-3 条から L2254-6 条、ならびに労働法典第 5 部 1 巻 2 編 5 章は廃止される。

IV 同法典 L2323-15 条第 2 項は削除される。

V　同法典 L3132-25-3 条の II 第 1 項の、「、あるいは L5125-4 条 II から IV に記載された条件の下で締結された協定によって、」の文言は削除される。

VI　運送法典 L5544-1 条の、「L1222-7 条」参照は削除される。

第 4 章　集団協定についての争訟

第 4 条
労働法典 L2262-12 条の後に、下記の通り作成された 3 条を挿入する。
「L2262-13 条　労働協約または集団協定が、それを規制する法律上の条件に適合していないことを証明するのは、その適法性に異議を唱える者である。

L2262-14 条　労働協約または集団協定の全部または一部の無効の訴えはすべて、次の時点から 2 カ月間に行使されなければならず、さもなくば不受理となる。
　　① 企業内組合支部を有する組織については、L2231-5 条に規定された企業協定の通知
　　② それ以外のすべての場合には、L2231-5-1 条に規定された協定の公示
(2) この期間は、労働法典 L1233-24 条、L1235-7-1 条および L1237-19-8 条とは別に適用される。

L2262-15 条　集団協定または労働協約の全部または一部を裁判官が無効とした場合、この協定が生じさせた効果およびこの協定が施行されていた時におのずから成立しえた状況ゆえに、および協定の効果の一時的維持を導き

うる一般利益ゆえに、この無効の遡及効が明らかに過度な帰結をもたらす性質があると裁判官が考える場合には、裁判官はその無効が将来に向けてしか効力を生じないことを、またはその判決日にすでに係属している同一の根拠に基づく訴訟を除いて、過去に向けてその判決の効力を修正することを判決することができる。」

第 5 章　意見聴取および団体交渉の定期性および内容

第 5 条
I　同法典第 2 部 2 巻 2 編 2 章 2 節のタイトルの、「定期性の」の文言は、「日程の」の文言に取って代わられる。
II　同法典 L2222-3 条は、下記の規定に取って代わられる。
「L2222-3 条　本法典第 2 部 2 巻 4 編に定められた条件において、労働協約または集団協定は次のことを定める。
①　交渉日程
②　産業部門または企業において、1 または複数の代表的労働組合組織から発せられた団体交渉事項に関する要請を考慮する方式」

第 6 条
同法典第 2 部 2 巻 4 編 1 章は、下記の規定に取って代わられる。

第 1 章　産業部門および職業の団体交渉
第 1 節　公序

L2241-1 条　産別協約またはそれがない場合には職業協定によって拘束されている組織は、

第 1 号から第 5 号に記載された事項について
はすくなくとも 4 年ごとに 1 度、第 6 号およ
び第 7 号に記載された事項についてはすくな
くとも 5 年ごとに 1 度、次のことにつき交渉
するために会合する。

① 賃金

② 男女間の職業上の平等の保障を目的と
する措置および確認される不平等を解消する
ことを目的とする回復措置

③ 労働条件、雇用・職業能力予測管理お
よび L4161-1 条に列挙された職業的危険因子
を曝露した効果の考慮

④ 障害労働者の雇用促進および雇用維持
を目的とする措置

⑤ 労働者の職業教育の優先権、目的およ
び手段

⑥ 職務等級改定の必要性の検討

⑦ 当該事項につきこのレヴェルで締結さ
れた協定が存在しない場合には、1 または複
数の企業間貯蓄または企業間退職積立制度

L2241-2 条 産別協約またはそれがない場合
には職業協定によって拘束されている組織は、
職業部門の人数の 3 分の 1 以上をパートタイ
ム雇用が占めている場合、パートタイム労働
の編成方式に関する交渉を開始する。この交
渉はとりわけ週または月の最低就労時間、就
労中断期間の数および長さ、労働時間変更の
予告期間および超過勤務時間の報酬を対象と
する。

L2241-3 条 団体交渉が真摯かつ誠実に行わ
れなかった場合には、L2261-20 条に定められ
た条件で合同委員会が招集される。

(2) 団体交渉の真摯かつ誠実な履行は、使用

者側が労働組合組織に対して、よく事情を心
得て交渉できるための必要な情報を提供する
ことおよび労働組合組織から提案がなされた
場合にはその提案に対して理由を付して返答
することを内容とする。

第 2 節 団体交渉領域

L2241-4 条 1 つの産別労働協約の範囲にお
ける労働組合組織および使用者の代表的職業
組織は、一方の請求により、当該産業部門ま
たは職業部門における交渉の日程、定期性、
事項および方式を定める交渉を開始すること
ができる。

L2241-5 条 L2241-4 条に記載された交渉の結
果締結された合意は次のことを定める。

① 団体交渉の事項。次のように交渉がな
される。

a) L2241-1 条 1 号から 5 号に記載された
事項はすくなくとも 4 年ごと

b)L2241-1 条 6 号および 7 号に記載された
事項はすくなくとも 5 年ごと

c)L2241-2 条に記載された条件が満たさ
れている場合にはその条項に記載された事項

② 各交渉事項の定期性および内容

③ 会合日時・場所

④ 開始された交渉によって定められた事
項に関して使用者の職業組織が交渉者に対し
て与える情報および情報提供の日付

⑤ 当事者が定めた取り決めを遂行する方
式

(2) 協定の期間は 4 年を超えることはできな
い。

L2241-6条 L2241-1条に記載された分野のうち1つにおいて締結された協定は、第1号から第5号に記載された分野については4年を、ならびに第6号および第7号に記載された分野については5年を限度として、その再交渉の定期性を定めることができる。

第3節 補充的規定
第1款 団体交渉の方式

L2241-7条 L2241-5条に規定された協定がない場合またはそれらの条項が順守されない場合には、産別協約によってまたはそれがない場合には職業協定によって拘束されている組織は、本節2款から6款に定められた条件の下、L2241-1条およびL2241-2条に記載された団体交渉を開始する。

第2款 年次団体交渉

L2241-8条 産別協約によってまたはそれがない場合には職業協定によって拘束されている組織は、賃金に関する交渉のために1年に1回以上は会合する。
(2) これらの団体交渉は男女間の職業上の平等の目標およびそれを実現することを可能とする措置を考慮する。

L2241-9条 賃金にかんする団体交渉は、当事者にとり、次のデータを産業部門レヴェルで1年に1回以上検証する機会である。
① 産業部門における経済動向、雇用状況、とりわけ有期労働契約に関する雇用動向および単年または複数年の予測、ならびに派遣労働の職務

② これらの予測を考慮して検討される実現可能な予防活動
③ 職務階級の最低賃金を必要に応じて考慮したうえでの、職業分類および性毎の平均実質賃金動向
(2) 団体交渉に必要な情報提供は行政立法によって定められる。

L2241-10条 L2261-22条Ⅱ第4号で定義される資格を有さない労働者の全国職業最低賃金が法定最低賃金を下回る場合、産別協約によってまたはそれがない場合には職業協定によって拘束されている組織は、賃金について交渉するために会合する。
(2) 3カ月内に使用者側が主導しない場合、団体交渉はL2231-1条に定義される代表的労働組合組織の請求から15日内に開始される。

第3款 3年ごとの団体交渉
パラグラフ1 男女間の職業上の平等

L2241-11条 産別協約によってまたはそれがない場合には職業別協約によって拘束される組織は、男女間の職業上の平等を保障するための措置および確認された不平等を解消するための回復措置に関して交渉するために、3年ごとに会合する。これらの回復措置の実施は、それが賃金に関わる措置を対象としているとき、L2241-8条に定められた賃金に関する年次交渉義務の範囲内で継続して取り扱われる。
(2) その団体交渉はとくに次のことを対象とする。
① 雇用、職業教育および職業的昇進への接続条件

—66—

② 労働条件および雇用条件、ならびにとくにパートタイム労働者のそれらの条件

(3) 団体交渉に必要な情報は、行政立法によって定められる。

パラグラフ 2 労働条件および雇用・職業能力予測管理

L2241-12 条 産別協約によってまたはそれがない場合には職業協約によって拘束される組織は、労働条件、雇用・職業能力予測管理に関して、および L4161-1 条に列挙された職業的危険因子を曝露した効果の考慮に関して交渉するために、すくなくとも 3 年に 1 度会合する。

(2) 雇用・職業能力予測管理に関する団体交渉は地域レヴェルで行うことができ、職の共同参画の目標に配慮しながら、各産業レヴェルでの全国雇用労使同数委員会によって設置された職・職業資格予測センター〔1' observatoire prospectif des métiers et des qualifications〕の成果に依拠する。このセンターは、生態環境・エネルギー転換による、職業過程および職に関連する職業上の変化に特に配慮する。

(3) そのほか、第 1 項に記載の組織は、L2242-15 条および L2242-16 条に定められた事項に関して交渉するために、3 年ごとに会合する。

パラグラフ 3 障害労働者

L2241-13 条 産別協約によってまたはそれがない場合には職業協約によって拘束される組織は、障害労働者の雇用促進および雇用維持

を目的とする措置に関して、3 年ごとに交渉するために会合する。

(2) その団体交渉は、とくに雇用、職業教育および職業上の昇進、ならびに労働条件、雇用条件および雇用維持を対象とする。

(3) その団体交渉に必要な情報は、行政立法によって定められる。

パラグラフ 3 職業教育および見習制度

L2241-14 条 産別協約によって、またはそれがない場合には職業別協約によって拘束される組織は、労働者の職業教育の優先権、目的および手段に関して交渉するために、すくなくとも 3 年に 1 度会合する。

(2) この団体交渉は、とくに、労働者の職業カテゴリーおよび企業規模に応じた、労働者の職業教育への平等な接続、個人別職業教育口座の補足的助成金、職業経験値認証、職業能力証明書の取得、見習制度のチューター資格の発展および見習制度チューター職または見習制度講師職の有効活用、とくに 55 歳以上の高齢労働者によるその職の行使の援助活動および行使条件を対象とする。

(3) 前項の対象とする職業経験値認証に関する団体交渉は、次のことを対象とする。

① L6314-1 条に記載された職業資格取得のために実施された職業経験値認証の措置に関する、企業および労働者の情報提供の方式

② 集団的または個別的枠組みにおいて、労働者が職業経験値認証を利用することを促進するための条件

③ 当該企業の試験または職業経験値認証の審査委員会への労働者の参加に必要な費用についての、労使同数認可徴収組織による分

担方式

第4款　5年ごとの団体交渉
パラグラフ1　職務等級

L2241-15条　産別協約によってまたはそれが
ない場合には職業協約によって拘束される組
織は、職務等級の改定の必要性を検証するた
めに、すくなくとも5年に1度会合する。
(2)　これらの団体交渉は、男女間の職業上の
平等の目標および雇用の共同参画の目標を考
慮する。
(3)　男女間の平均報酬格差が確認されると
き、産別協約によってまたはそれがない場合
には職業協約によって拘束される組織はその
縮減を優先する。
(4)　第1項記載の検証に際して、さまざまな
労働ポストの定義において採用された評価基
準が分析されるのは、なかでも男女間の差別
を導きうる基準を特定し修正すること、およ
び労働者の職業能力の総体を考慮することを
保障することを目的とする。

パラグラフ2　労働者の貯蓄

L2241-16条　産別協約によってまたはそれが
ない場合には職業協約によって拘束される組
織は、1または複数の企業間財形貯蓄または
企業間退職積立制度の創設に関して、それに
関してこのレヴェルで締結された集団協定が
存在しないときは、すくなくとも5年に1度
会合する。

第5款　年次団体交渉および5年ごとの団体
交渉に共通の規定

L2241-17条　L2241-8条およびL2241-15条に
定められた年次団体交渉および5年ごとの団
体交渉は、男女間の報酬格差解消を可能とす
る措置を定め、計画化することも目的とする。

L2241-18条　年次団体交渉および5年毎団体
交渉の後に締結された報酬格差解消を目的と
する集団協定は、L2231-6条に定められた条
件の下で、行政機関への提出の対象となる。
(2)　この行政機関への集団協定の提出また
は合意不成立調書の伝達がない場合、
L2261-20条に記載された合同委員会が、
L2241-17条に定められた団体交渉を開始また
は継続するために、労働担当大臣の主導によ
り招集される。

第6款　パートタイム労働

L2241-19条　産別協約またはそれがない場合
には職業協定によって拘束されている組織は、
その職業部門の人数の3分の1以上をパート
タイム雇用が占めている場合、パートタイム
労働の編成方式に関する交渉を開始する。
(2)　この団体交渉はとりわけ週または月の
最低就労時間、就労中断期間の数および長さ、
労働時間変更の予告期間および超過勤務時間
の報酬を対象とする。」

第7条
同法典第2部2巻4編2章は、下記の規定に
よって取って代わられる。

第2章　企業における義務的団体交渉
第1節　公序

L2242-1 条　代表的労働組合組織の 1 または複数の企業内組合支部が設置されている企業において、使用者は次の交渉をすくなくとも 4 年ごとに 1 度行う。

①　企業における報酬とりわけ実質賃金、労働時間および付加価値分配に関する交渉

②　とくに報酬格差解消を目指す措置を対象とする男女間の職業上の平等および職業生活の質

L2242-2 条　労働者 300 人以上の企業および L2331-1 条で定義されている企業グループならびにフランスに労働者 150 人以上の事業所または企業をすくなくとも 1 つ有する L2341-1 条および L2341-2 条に定義されているヨーロッパ共同体規模の企業および企業グループにおいて、使用者は、L2242-1 条に記載された交渉に加え、雇用・職業過程管理に関する交渉をすくなくとも 4 年ごとに 1 度行う。

L2242-3 条　L2242-1 条 2 号に記載された団体交渉の後に男女間の職業上の平等に関する合意が得られない場合、使用者は男女間の職業上の平等を保障することを目的とする年次行動計画を作成する。そこで定められた目標および経過年度中にとられた措置を評価した後、明確、詳細かつ実効性ある基準に基づくこの年次行動計画は、次年度にむけて定められる進展の目標を決め、それを達成するための量的質的活動を定義し、それにかかる費用を算定する。この行動計画は行政機関に提出される。すくなくとも、デクレによって定められる進展目標・指標を含んでいるこの活動計画の概括は、使用者による就労場所での掲示を

通じて、場合によっては、当該企業の就労活動条件に適合するあらゆるその他の手段を通じて労働者に周知される。この活動計画はまた、それを請求するすべての者に入手可能でなければならず、企業のインターネットサイトがある場合にはそこに公表される。

(2)　男女間の報酬格差解消を目的とする措置を定めた集団協定がない場合、L2242-1 条 1 号に定められた実質賃金に関する年次団体交渉はまた、男女間の報酬格差およびキャリア展開の相違を解消することを可能とする措置の計画化も対象とする。

L2242-4 条　L2242-1 条に記載された団体交渉が継続している間は、使用者は、交渉事項に関して、緊急性がそれを正当化する場合を除いて、労働者集団に関する一方的決定を行うことはできない。

L2242-5 条　団体交渉の後にいかなる合意も締結されなかったとき、交渉の最終段階での当事者のそれぞれの提案および使用者が一方的に適用したいと考えている措置を確認する合意不成立調書が作成される。

(2) この調書は、より熱心な当事者の主導により、行政立法によって定められた条件の下で提出される。

L2242-6 条　実質賃金に関する企業協定は、当事者のそれぞれの提案を記載した男女間の報酬格差を対象とする団体交渉の開始調書が付されていなければ、L2231-6 条に定められた条件の下で、行政機関に提出されることはできない。この調書は、使用者が真摯かつ誠実に団体交渉を履行したことを確認する。団

体交渉の真摯かつ誠実な履行は、代表的労働組合組織の1または複数の組合支部が設置されている企業において、使用者がその企業の代表的労働組合組織を団体交渉に招集し、会合場所・日程を定めたことを内容とする。使用者はまた、代表的労働組合組織がよく事情を心得て交渉できるように必要な情報をそれに対して伝達し、労働組合組織から提案がなされた場合にはその提案に対して理由を付記して返答しなければならない。

L2242-7条　代表的労働組合組織の1または複数の企業内組合支部が設置されている企業において、L2242-1条1号に記載された実質賃金に関する団体交渉義務を履行しなかった使用者は罰金を課される。それ以前の6暦年間中の前の監督時にこの義務に関するいかなる不履行も認められなかった場合、罰金は、当該監督の前年から連続する3年を超えることができない期間を基礎として、不履行が認定されたそれぞれの年に支払われた報酬につき、社会保障法典L241-13条に記載された社会保障の保険料免除の10％に相当する金額を上限とする。それ以前の6暦年間中の前の監督時にこの義務に関する不履行が1つでも認められた場合、罰金は、その監督の年を含む連続する3年を超えることができない期間を基礎として、不履行が認定されたそれぞれの年に支払われた報酬につき、同L241-13条に記載された社会保障の保険料免除の10％に相当する金額を上限とする。

(2)　実質賃金に関する団体交渉の定期性が本法典L2242-11条を適用して1年を超える期間にわたっている場合、第1項は協定によって定められた期間中適用されない。この期間満了後に、本条第1項が適用される。

(3)　管轄行政機関が第1項に記載された不履行を認定した場合、管轄行政機関は、デクレで定められた条件の下で、とくに団体交渉が開始されるために確認された努力、企業の経済的財政的状況、不履行の重大性および不履行に至った状況を考慮して、罰金額を定める。

(4)　罰金は社会保障法典1巻3編7章1節に定められた条件において徴収される。

(5)　罰金収入は同法典L241-13条に記載された社会保障保険料および社会保障税の軽減分の充当についてとられるものと同一の方式に従って、社会保障一般制度に充てられる。

L2242-8条　労働者50人以上の企業は、L2242-1条2号に記載された団体交渉の後、男女間の職業上の平等に関する合意が得られなかった場合、またはこの合意がない場合にはL2242-3条に記載された行動計画によって、使用者の責任で罰金が課される。その合意の目標および措置の実現の追跡および行動計画の追跡の方式はデクレによって定められる。300人以上の企業において、この合意が得られなかったことは、合意不存在調書によって確認される。

(2)　本条第1項に定められた罰金額は、企業が本条1項の記載する協定または行動計画を定めていない期間中に、賃金労働者または準労働者〔travailleurs assimilés〕に支払われた、社会保障法典L242-1条1項および農事・漁業法典L741-10条1項の定義する報酬および収入の1％を上限として定められる。その金額は、コンセイユ・デタの議を経たデクレによって定められた条件の下で、男女間の職業上の平等に関して当該企業において確認された

努力ならびに、同 1 項で定められた義務の遵守に関するその企業の不履行の理由に応じて、行政機関によって定められる。

(3) この罰金収入は社会保障法典 L135-1 条に記載された基金に充てられる。

L2242-9 条 行政機関は、協定または使用者によって作成された行動計画の L2242-8 条の規定への適合性のすべての評価申請に基づいて見解を発する。

(2) コンセイユ・デタの議を経たデクレによって定められた期間満了後、行政機関が沈黙している場合、この申請は却下されたことになる。

(3) 第 1 項に記載された申請は、労働立法の適用の責を負う行政機関が L2242-8 条の規定を遵守して監督を行ったときには、ただちに不受理となる。これらの機関は、この監督が行われたとき、あらゆる手段を通じて使用者に対して情報提供する。

(4) その企業が、L2242-1 条 2 号に記載された団体交渉の後、職業上の平等に関する協定の適用をうけるとき、適合性を証明するその返答は、使用者によるその返答の受領日から、L2242-11 条または L2242-12 条の適用、またはそれがない場合には、L2242-13 条 2 号の適用の帰結である職業上の平等の事項に関する再交渉の周期期限を含む期間中、L2242-8 条に定められた罰金の適用について行政機関を拘束する。

(5) その企業が、L2242-3 条の規定が適用された行動計画の対象となるとき、適合性を証明するその返答は、使用者によるその返答の受領日から、その行動計画提出後のはじめの 1 年の期間末までを含む期間中、L2242-8 条に

定められた罰金の適用について行政機関を拘束する。

第 2 款 団体交渉領域

L2242-10 条 L2242-1 条に記載された企業においては、使用者の発意によりまたは代表的労働組合組織の請求により、グループ、企業または事業所における団体交渉の日程、定期性、交渉事項および方式を定める団体交渉を開始することができる。

L2242-11 条 L2242-10 条に記載された団体交渉終了時に締結された協定は以下のことを定める。

① L2242-1 条 1 号および 2 号に記載された交渉事項がすくなくとも 4 年ごとに交渉されるようになる団体交渉事項

② 交渉事項のそれぞれの定期性および内容

③ 会合の日程および場所

④ 開始された団体交渉によって定められる事項に関して使用者が団体交渉当事者に提出する情報およびその提出日

⑤ 当事者によって定められる取り決めが実現される方式

(2) 協定の期間は 4 年を超えることはできない。

L2242-12 条 L2242-1 条 1 号および 2 号に列挙された分野のうち 1 つにおいて締結された協定は、4 年を限度に再交渉の定期性を定めることができる。

第 3 節 補充的規定

第1款　義務的団体交渉の方式

L2242-13条　L2242-11条に定められた協定が存在しない場合または協定の条項の不遵守の場合、使用者は、同条に記載された企業において次のことを履行する。

①　本節2款に定められた条件において、企業における報酬、労働時間および付加価値分配に関する交渉：毎年

②　本節3款に定められた条件において、男女間の職業上の平等および職業生活の質に関する交渉：毎年

③　L2242-2条に記載された労働者300人以上の企業においては、本節4款に定められた条件において、雇用・職業過程管理に関する交渉：3年ごと

(2)　前の団体交渉から、2つの年次団体交渉それぞれについては使用者が12カ月をこえて、および3年ごとの団体交渉については使用者が36カ月をこえて主導しない場合には、この団体交渉は、代表的労働組合組織の請求により強制的に開始される。

(3)　労働組合組織が作成した団体交渉請求は、使用者からその他の代表的労働組合組織に対して8日内に伝達される。

(4)　労働組合組織によって作成された請求から15日内に、使用者は団体交渉に当事者を招集する。

L2242-14条　第1回目会合のとき、次のことが定められる。

(1)　会合の場所および日程

(2)　使用者が組合代表委員および委任をなす労働者に対して提出する、開始された団体交渉によって定められた事項に関する情報お

よびその提出日

第2款　報酬、労働時間および付加価値分配に関する団体交渉

L2242-15条　企業における報酬、労働時間および付加価値分配に関する年次団体交渉は次のことを対象とする。

①　実質賃金

②　労働時間の実際の長さおよび時間割、とりわけパートタイム労働の実施。この範囲において、団体交渉はまた労働時間短縮を対象にすることができる。

③　利益参加協定、参加協定、財形貯蓄計画、集団的引退措置のための貯蓄計画またはこれらの措置を1または複数含む産別協定がない場合には、利益参加、参加および賃金貯蓄。必要に応じて、この団体交渉はまた、L3334-1条に記載された退職積立制度の枠組みにおいて集められた金額の一部の割当、およびL3334-13条に記載された連帯企業に投資された資本の持ち分の取得についても対象とする。同一の義務が使用者団体にも課される。

④　男女間の報酬格差およびキャリア展開の相違解消を目的とする措置の実現の追跡

L2242-16条　L2242-15条に定められた団体交渉は、L2231-1条に記載された労働組合組織または使用者団体の下での派遣労働に関して、使用者による情報提供を生じさせる。

(2)　この年次団体交渉義務に服さない企業においては、使用者はL2231-1条に記載された労働組合組織または使用者団体の下での派遣労働に関する情報を、それを請求した労働

者に対して伝達する。

第3款　男女間の職業上の平等および職業生活の質

L2242-17条　男女間の職業上の平等に関する年次団体交渉および職業生活の質は次のことを対象とする。

① 労働者について私生活および職業生活との調整

② 男女間の職業上の平等を達成することを可能とする目標および措置、とりわけ、報酬格差解消、就職、職業教育、キャリア展開および職業的昇進、とくにパートタイム労働者についての労働・雇用条件おならびに雇用の共同参画に関するもの。この団体交渉はL2312-36条第2号に記載されているデータに基づく。

(2) この団体交渉はまた社会保障法典L241-3-1条の適用を、および使用者が社会保障保険料の補足部分の全部または一部を負担することができる条件を対象とすることができる。

③ 採用、雇用および職業教育の利用に関するあらゆる差別に対抗することを可能とする措置

④ 障害労働者の雇用促進・維持に関する措置、とりわけ就職、職業教育の利用および職業的昇進への接続、労働・雇用条件および従業員全体の心身障害への啓発活動

⑤ 相互扶助制度の定義の方式、および産別協定または企業協定がない場合の、社会保障法典L911-7条に定められたものよりも有利な条件の下での、疾病、母性または労働災害によって生じた費用の補足的償還制度の方式

(2) 農事・漁業法典L722-1条3号に記載された林業の企業において、本5号1号に定められた団体交渉は、社会保障法典L911-2条1項に記載された集団的保障の利用を対象とする。

⑥ 本巻8編1章に定められている労働者の直接的かつ集団的表明権の行使、とりわけ企業内で利用可能な電子機器を通じたもの

⑦ 労働者が自己の接続されない権利〔droit à la déconnexion〕を十全に行使できる方式および休憩時間および休日の遵守ならびにワークライフバランスを保障するために、電子機器の利用制限措置の企業による実施。これについて協定がない場合、使用者は社会経済委員会の意見の後、憲章を作成する。この憲章は、接続されない権利の行使方式を定義し、さらに、職制のおよび指揮をする労働者および従業員に宛てた、電子機器の合理的利用についての教育および啓発活動の実施を定める。

L2242-18条　障害労働者の雇用促進および雇用維持に関する団体交渉は、L5212-1条以下によって定められた障害労働者の雇用義務に関する現状を示す、使用者作成の報告書に基づいて行われる。

L2242-19条　L2242-17条に定められた団体交渉はまた、L4161-1条に定められた職業的危険因子を曝露した効果の予防も対象とする。本条の枠内でこの事項に関して締結された集団協定は、同3編に定められたその他の規定を遵守するという留保の下、L4163-3条に定められた協定の締結を意味する。

第4款 雇用および職業過程の管理

L2242-20条 労働者300人以上のL2331-1条で定義されている企業および企業グループにおいて、ならびにフランスに労働者150人以上の事業所または企業をすくなくとも1つ有するL2341-1条およびL2341-2条に定義されているヨーロッパ共同体規模の企業および企業グループにおいて、使用者は3年ごとに、とりわけ企業の戦略的方針およびL2323-10条に記載されたそれらの帰結に基づいて、雇用・職業過程管理に関するおよび職の共同参画に関する次の事項について団体交渉を行う。

① 雇用・職業能力予測管理措置の作成、ならびにとりわけ職業教育、個人別職業教育口座の助成金、職業経験値認証、職業能力分析表、L2254-2条の範囲で定められたもの以外の労働者の職業的・地理的異動支援に関して、雇用・職業能力予測管理措置に関連付けることができる支援措置

② 必要に応じて、集団協定がある場合には、特別な項目の対象とならなければならないL2254-2条に定められた職業的または地理的企業内異動の条件

③ 企業内職業教育の3年間の基本方針および職業教育計画の目標、とりわけ、その計画が優先事項とする労働者および雇用のカテゴリー、協定有効期間内に達成すべき職業能力および職業資格、ならびに個人別職業教育口座の使用者による助成金の基準および方針

④ 使用者がさまざまな労働契約、パートタイム労働および研修を利用する見通し、ならびに期間の定めのない労働契約の利益のために企業内の不安定雇用利用を縮減するために実施される手段

⑤ 下請企業が、その職、雇用および職業能力に影響する企業戦略方針について情報提供をうける条件

⑥ 労働組合の役職を担う労働者のキャリア展開および彼らの職務行使

(2) 当該協定の期間末には、総覧が作成される。

L2242-21条 L2242-20条に定められた団体交渉は、次のことも対象とすることができる。

① L1233-21条およびL1233-22条に定められた方式に従って同条に記載された事項

② 経済または技術変化にさらされる雇用のカテゴリーの評価

③ 当該企業の雇用・職業能力予測管理措置に下請企業を参加させる方式

④ その企業が拠点をもつ地域レヴェルで実施されている雇用・職業能力予測管理アクションに参加する条件

⑤ L1237-18条以下によって定められた条件における異動休暇の実施

⑥ 若年者の職業教育および継続的就職の支援、高齢労働者の雇用および知識および職業能力の伝達、交互制職業教育の発展の見通し、ならびに交互制職業教育受講者および研修者の受入方式および高齢労働者の労働条件の改善」

第2章 団体交渉実施条件の促進
第1節 団体交渉の方式、集団協定の締結の方式および労働者の意見聴取利用の方式

第8条
本法典2部2巻3編2章3節3款は、下記の規定に取って代わられる。

第 3 款　組合代表委員または企業評議会〔conseil d' entreprise〕を欠く企業における団体交渉の方式

パラグラフ1　通常の人員が11人を下回る企業における協定の承認方式

L2232-21条　組合代表委員が存在せず、通常の人員が11人を下回る企業において、使用者は、本法典に定められた企業の団体交渉に認められた交渉事項のすべてを対象とする協定案を労働者に対して提案することができる。

(2)　協定案が各労働者に通知されてから15日以上経過した後、従業員への意見聴取が行われる。

(3)　これらの規定の適用条件、とりわけ従業員への意見聴取の組織方式は、コンセイユ・デタの議を経たデクレによって定められる。

L2232-22条　L2232-21条に記載された協定案が従業員の3分の2の多数で認証された場合、その協定は有効な集団協定とみなされる。

パラグラフ2　通常の人員が11人から50人である企業における団体交渉の方式

L2232-23条　通常の人員が11人から20人の間である企業において、社会経済委員会 の従業員代表団の選挙による構成員が存在しない場合は、L2232-21条およびL2232-22条の規定が適用される。

L2232-23-1条 I　通常の人員が11人から50人未満の企業において、企業および事業所に組合代表委員が存在しない場合には、次に掲げる者によって企業協定または事業所協定を交渉し、締結し、改定することができる。

①　産業部門における1または複数の代表的労働組合組織によって、または、それがない場合には、全国職際レヴェルにおける1または複数の代表的労働組合組織によって明示的に委任された1または複数の労働者によって（この者が社会経済委員会の従業員代表団の構成員であるか否かは問わない）。このためには、同一の組織は1人の労働者しか委任することができない。

②　社会経済委員会の従業員代表団の1または複数の構成員

(2)　以上の通り交渉され、締結され、改定された協定は、本法典を基礎として企業協定または事業所協定によって交渉されうるすべての措置を対象とすることができる。

II　委任の有無を問わず、社会経済委員会の従業員代表団の1または複数の構成員を相手方として締結された協定の有効性または改定の追加協定の有効性は、直近の従業員代表選挙の際の有効投票の過半数を代表する経済委員会の構成員らによるそれへの署名に服する。

(2)　1または複数の組合委任労働者が社会経済委員会の従業員代表団の構成員ではなく、この組合委任労働者を相手方として締結された協定または改定の追加協定の有効性は、デクレによって定められた条件の下で、選挙法の一般原則を遵守した有効投票の過半数での労働者によるそれへの承認に服する。

パラグラフ3　通常の人員が50人以上である企業における団体交渉の方式

L2232-24条　通常の人員が50人以上である企業において、企業または事業所における組合代表委員が存在しない場合には、社会経済

委員会の従業員代表団の構成員は、その企業の属する産業部門における1または複数の代表的労働組合組織によって、またはそれがない場合には、全国職際レヴェルの1または複数の代表的労働組合組織によってこれらの者がこのために明示的に委任されているとき、集団協定を交渉し、締結し、改定することができる。同一の組織は1人の労働者しか委任することができない。

(2)　当該企業の属する産業部門における代表的労働組合組織、またはそれがない場合には、全国職際レヴェルの代表的労働組合組織は、使用者によって、交渉を開始する決定の情報を受ける。

(3)　本条を適用して締結された協定の有効性または改定の追加協定の有効性は、デクレによって定められた条件の下で、選挙法の一般原則を遵守した有効投票の過半数での労働者によるそれへの承認に服する。

L2232-25 条　通常の人員が50人以上の企業において、L2232-24 条を適用して委任された社会経済委員会の従業員代表団の構成員が存在しない場合には、L2232-24 条に記載された組織によって明示的に委任されなかった社会経済委員会の従業員代表団の構成員は、集団協定を交渉し、締結し、改定することができる。

(2)　この団体交渉は、L1233-21 条に記載された集団協定を除いて、法律によって集団協定にその実施が委ねられている措置に関する集団協定しか対象とすることができない。

(3)　本条を適用して締結された集団協定または改定の追加協定の有効性は、直近の従業員代表選挙の際の有効投票の過半数を代表す

る社会経済委員会の従業員代表団の構成員による、それへの署名に服する。

L2232-25-1 条　L2232-24 条および L2232-25 条を適用するために、使用者は、確定した日付を示すことができるあらゆる手段を通じて、社会経済委員会の従業員代表団の構成員に対して自己の交渉の意図を知らせる。

(2)　交渉を望む選挙による代表者は、1カ月内にそのことを知らせ、必要に応じて、L2232-24 条に記載の組織によって委任されているか否かを示す。

(3)　この期間が満了したとき、団体交渉は、同 L2232-24 条に記載された組織によって委任されたことを示した労働者を相手方として、またはその者がいない場合には、L2232-25 条を遵守したうえで、委任されていない選挙により選出された労働者を相手方として開始される。

L2232-26 条　通常の人員が50人を超え、組合代表委員を欠く企業において、L2232-25-1 条に定められた手続きの後に、いかなる社会経済委員会の従業員代表団の構成員も交渉する意思を示さなかったとき、企業協定または事業所協定は、産業部門における1または複数の代表的労働組合組織により明示的に委任された1または複数の労働者によって、またはそれがない場合には、全国職際レヴェルの代表的労働組合組織により明示的に委任された1または複数の労働者によって交渉され、締結され、改定されることができる。このためには、同一の組織は1人の労働者しか委任することができない。

(2)　当該企業の属する産業部門における代

表的労働組合組織、またはそれがない場合には、全国職際レヴェルの代表的労働組合組織は、使用者によって、団体交渉を開始する決定の情報を受ける。

(3) 本条は、不存在調書が従業員の選挙による代表者が存在しないことを証明しており、組合代表委員を欠いている企業において、法律上当然に適用される。

(4) 本条に基づいて委任された1または複数の労働者によって交渉され、締結された協定は、本法典に基づく企業協定または事業所協定によって交渉されることができるすべての措置を対象とすることができる。

(5) 組合委任労働者によって署名された協定は、デクレによって定められた条件の下で、選挙法の一般原則を遵守して、有効投票の過半数で労働者により承認されたものでなければならない。

パラグラフ 4 組合代表委員または企業評議会を欠く企業において締結された協定の団体交渉の条件

L2232-27条 L2232-23条およびL2232-26条を適用するために、それぞれの組合委任労働者は、例外的事情を除いて、月10時間を超えることができない時間を限度とする自己の職務行使に必要な時間を有する。この代表活動時間は、法律上当然に労働時間とみなされ、通常の賃金支払期日に賃金が支払われる。代表活動時間の既利用を争う使用者は、司法裁判所に訴えを提起する。

(2) L2232-23条、L2232-24条およびL2232-25条に定められた団体交渉にかかった時間は、L2315-7条に定められた代表活動時間から差し引かれない。L2232-23条、L2232-24条およびL2232-25条を適用した団体交渉に参加するために招集された社会経済委員会の代表団の各構成員は、例外的事情を除いて、月10時間を超えることができない時間を限度とする自己の職務行使に必要な時間を有する。この代表活動時間は、法律上当然に労働時間とみなされ、通常の賃金支払期日に賃金が支払われる。代表活動時間の既利用を争う使用者は、司法裁判所に訴えを提起する。

L2232-28条 自己の有する権限のために使用者と同視される労働者、およびL2314-19条1項に記載された使用者に類似の労働者は、委任をされることができない。

L2232-29条 使用者、および委任の有無を問わない社会経済委員会の従業員代表団の構成員または当該企業の組合委任労働者との間の団体交渉は、次の定めを遵守して行われる。

① 使用者に対する交渉担当者の独立性

② 交渉担当者による協定案の共同作成

③ 労働者との協議

④ 産業部門における代表的労働組合組織と連携する権能

(2) なお、委任の有無を問わない社会経済委員会の従業員代表団の構成員または組合委任労働者に対して、団体交渉の前に提出すべき情報は、それらの者と使用者との間の協定によって定められる。

L2232-29-1条 パラグラフ1および2に定められた方式に従って締結された企業協定または事業所協定は、行政立法に定められた条件の下で行政機関に対してそれを提出した後に

しか適用されることができない。

L2232-29-2 条　本款を適用するにあたり、従業員の計算は L2322-2 条に定められた方式に従って行われる。

第9条
労働法典第2部2巻3編4章の後に、下記の通り作成された4章の2を挿入する。

第4章の2　労使対話分析・支援センター

L2234-4 条　三者構成の労使対話分析・支援センター（L' Observatoire d' analyse et d' appui au dialogue social）は管轄行政機関の決定により県レヴェルで設置される。労使対話分析・支援センターは、その県の労働者50人未満の企業内の労使対話および団体交渉の発展を促し、奨励する。

L2234-5 条　労使対話分析・支援センターは次の者から構成される。
①　その県レヴェルの代表的労働組合組織によって指名された、ならびに全国職際レヴェルおよび全国複数職業〔multiprofessionnel〕レヴェルで代表的な使用者職業組織によって指名された、その地域において就労する労働者および使用者である構成員。これらの基準を満たすそれぞれの組織は、当センター内に1議席を有する。
②　その県の管轄行政機関の代表者
(2)　労使対話分析・支援センターは、実質活動条件を満たす労働組合組織および使用者の職業的組織によって交互に主宰される。
(3)　その事務局は、当該県の管轄行政機関に

よって担当される。

L2234-6 条　労使対話分析・支援センターは次の任務を行使する。
①　県における年次労使対話概括を作成する。
②　団体交渉の枠内で対立したすべての障害について、労働組合組織または使用者組織による提訴をうける。
③　社会法分野において、管轄の企業に対して法的支援および鑑定を提供する。

L2234-7 条　コンセイユ・デタの議を経たデクレは、（訳注：労働法典の）本部〔partie〕の適用に関する条件およびとくに構成員指名条件を定める。」

第10条
I　同法典 L2232-12 条は、下記の通り修正される。
①　第2項は、次のとおり作成された文言によって補完される。すなわち、「この期間満了時に、使用者は、これらの組織全ての反対がない場合に、この意見聴取の組織を請求することができる。」
②　第3項の、「この請求から」の文言の後に、「または使用者の発意により」の文言を挿入する。
③　第4項の、「署名組織」の文言は、「第1項に記載された選挙の第1回で、その投票者数に関わらず、代表的組合組織を支持する有効投票の30％以上を獲得した1または複数の労働組合組織」の文言に取って代わられる。
II　農事・漁業法典 L514-3-1 条は、下記の通り修正される。

① 第12項は、次の通り作成された文言によって補完される。すなわち、「この期間末に、使用者は、署名組織の全てによる反対がない場合、この意見聴取の組織を請求することができる。」

② 第13項の「この請求から」の文言の後に、「または使用者の発意により」の文言を挿入する。

③ 第14項の「署名組織」の文言は、「第1項に記載された選挙の第1回で、その投票者数に関わらず、代表的組合組織を支持する有効投票の30%以上を獲得した1または複数の労働組合組織」の文言に取って代わられる。

第2章　集団協定の過半数性の評価方式

第11条
前記2016年8月8日の法律第1088号第21条IX第2項の、「2019年9月1日」の文言は「2018年5月1日」の文言に取って代わられる。

第3章　産業部門の再編手続きの加速（オルドナンス12条）

第12条
I　労働法典L2261-32条第1号の「労働者の人員の少なさによって特徴づけられる」の文言は、「労働者5000人未満である」の文言に取って代わられる。
II　前記2016年8月8日の法律第25条は下記の通り修正される。
① IVの「3年」の文言は、「24月」の文言に取って代わられる。
② Vの「3年」の文言は、「24月」の文言に取って代わられる。

第4章　使用者の情報提供義務
第13条
　使用者は毎年、あらゆる手段を通じて、労働省のサイトに、企業の属する産業部門における代表的労働組合組織の最新のアドレスを通知する。

第3編　雑則

第14条
前記2016年8月8日の法律第24条第1項ならびにVIおよびVIIは廃止される。

第15条
　本オルドナンスにより創設された労働法典L2262-14条の規定は、その公布日以降に締結された協約または協定に適用される。
(2)　本オルドナンス施行日より前に訴訟手続きが開始されたときは、その訴訟は、以前の法律に従って継続し、判決がなされる。この以前の法律はまた、控訴審および上告審でも適用される。
(3)　本オルドナンスの公布より前に締結された協約または協定について、それについていかなる訴訟手続きもこの公布以前に開始されていなかったとき、L2262-14条に記載された2カ月の期間は、この公示から起算する。

第16条
I　本オルドナンスにより創設された労働法典L2253-2条に記載された事項に関して、本オルドナンスにより作成された同法典L2253-3条2項を根拠として締結され、企業または事業所の協約または協定の適用除外条項を妨げる産別協約および産別協定、職業協

定ならびに産業間協定の条項は、追加協定が
2019年1月1日より前に当該企業または事業
所の協約または協定に鑑みて当該条項の効力
を維持するときは、その効力が継続する。こ
れらの条項を維持するそれらの規定は、拡張
適用された協定に適用される。

II　同法典 L2253-2 条に記載された事項に関
して、前記 2004 年 5 月 4 日の法律第 45 条に
よって記載された産別協約および産別協定、
職業協定ならびに産業間協定の条項は、追加
協定が 2019 年 1 月 1 日より前に当該企業また
は事業所の協約または協定に鑑みて当該条項
の効力を維持するときは、その効力が継続す
る。これらの条項を維持するそれらの規定は、
拡張適用された協定に適用される。

III　前記 2004 年 5 月 4 日の法律第 45 条は廃
止される。

IV　本オルドナンスにより創設された労働法
典 L2253-3 条の適用により、産別協定の条項
は、その締結日に関わらず、2018 年 1 月 1 日
から企業協定に対するその効力が終了する。

第 17 条

　本オルドナンス第 11 条の規定は、本オルド
ナンスの公示以降、労働時間、休憩および休
日を対象とする集団協定および労働法典
L2254-2 条に記載された協定に適用される。
(2)　これらの規定は、2018 年 5 月 1 日以降、
その他の集団協定に適用される。

第 18 条

　首相および労働担当大臣は、フランス共和
国官報に公示されることになる本オルドナン
スの適用につき、それぞれ関連事項について
責任を有する。

資料2

労働関係の予測可能性と安定化に関する 2017 年 9 月 22 日のオルドナンス 1387 号（抄）

第 1 編　労働者使用者双方にとっての予見可能性の強化ならびに労働関係およびその終了の効果の安定化

第 1 章　電子化による法規定および労働協約・集団協定規定へのアクセス

（略）

第 2 章　手続きもしくは実体上の要件に反する解雇または現実かつ重大な事由のない解雇の賠償に関する規定

第 2 条

労働法典第 1 部 1 巻 3 編 5 章を以下のとおり改める。

①　L1235-1 条第 5 項、6 項および 7 項を削除する。

②　L1235-3 条第 2 項を、以下のとおり改める。

「(2)　当事者の一方または他方が復職を拒否する場合、裁判官は、使用者の負担する賠償金を労働者に与え、その額は、以下の表で定められた下限と上限の間とする。

当該企業における労働者の勤続年数（満年）	賠償金の下限（税引き前賃金月数）	賠償金の上限（税引き前賃金の月数）
0	なし	1
1	1	2
2	3	3,5
3	3	4
4	3	5
5	3	6
6	3	7
7	3	8
8	3	8
9	3	9
10	3	10
11	3	10,5
12	3	11
13	3	11,5
14	3	12
15	3	13
16	3	13,5
17	3	14
18	3	14,5
19	3	15
20	3	15,5
21	3	16
22	3	16,5
23	3	17
24	3	17,5
25	3	18
26	3	18,5
27	3	19
28	3	19,5
29	3	20
30 以上	3	20

(3)　常時 11 人未満の労働者を雇用する企業においてなされた解雇の場合、以下に定められる下限を適用し、前項で定めた下限を適用除外する。

当該企業における労働者の勤続年数（満年）	賠償金の下限（税引き前賃金月数）
0	なし
1	0,5
2	0,5
3	1
4	1
5	1,5
6	1,5

7	2
8	2
9	2,5
10	2,5

(4) 賠償金の額を決定するにあたって、裁判官は、当該契約終了に際して支払われた解雇補償金を、必要に応じて考慮することができる。

(5) 本賠償金は、本条に定める上限額を限度に、必要に応じて L1235-12 条、L1235-13 条および L1235-15 条に規定される賠償金を兼ねる。」

③ L1235-1 条を、以下の規定に改める。

「L1235-3-1 条

(1) 裁判所が本条第 2 項に定められる無効な解雇であると認めるとき、L1235-3 条は、適用されない。この場合において、労働者が労働契約の履行の継続を請求しないとき、または復職が不可能な場合、裁判所は、当該労働者に対して使用者の負担する賠償金を与え、その額は、直近 6 ヵ月の賃金を下回ることができない。

(2) 前項にいう無効とは、基本的自由の侵害に属するもの、L1252-3 条および L1252-4 条に記された条件におけるモラルハラスメントもしくはセクシュアルハラスメントに属するもの、L1134-4 条および L1132-4 条に定められた条件にもとづく差別的解雇、または、L1144-3 条に規定された条件にしたがい男女間の職業的平等に関して裁判所に訴えを提起したことおよびその刑事告発を理由として、もしくは、第 2 部 4 巻 1 編 1 章に規定される要保護労働者による任務の行使、ならびに、L1225-71 条および L1226-13 条の適用により一定の労働者が享受する保護を理由としてなされた解雇

の無効である。

(3) L1225-71 条の規定および保護的地位の適用により賠償金が支払われるとき、解雇の無効によって保護される期間に受領されたであろう賃金の支払いおよび、場合によっては法定、協約または契約上の解雇補償金に関する損害がなくとも、賠償金は支払われる。

④ L1235-3-1 条の後に、L1235-3-2 条を挿入する。

「L1235-3-2 条

労働契約の破棄が使用者の責めに帰すものと裁判所によって宣言されるとき、または、L1451-1 条に定められる手続きにもとづく労働者の請求の後にこれが宣言されるとき、労働者に付与される賠償金の額は、L1235-3 条に定められる規範にしたがって決定される。

⑤ L1235-5 条を以下の規定に改める。

「L1235-5 条

L1235-3 条および L1235-11 条違反の場合、L1235-4 条に規定される失業保険手当の返還に関する規定は、当該企業における勤続年数 2 年未満の労働者の解雇および常時 11 人未満の労働者を雇用する企業においてなされた解雇の場合には適用しない。

⑥ L1235-11 条における数字「12」を「6」に改める。

⑦ L1235-13 条における数字「2」を「1」に改める。

⑧ L1235-14 条第 3 項を削除する。

第 3 条

労働法典第 1 部 1 巻を以下のとおり変更する。

① L1134-4 条および L1144-3 条の各最終項を以下の文に改める。

「労働者が労働契約の履行の継続を拒否する

とき、L1235-3-1 条の規定が適用される。」

② L1225-71 条を、次の規定に改める。

「L1225-71 条

L1225-1 条ないし L1225-28 条および L1225-35 条ないし L1225-69 条の規定の使用者による違反は、L1235-3-1 条の規定にしたがって決定される、労働者に対する賠償金の付与を生じさせる。」

③ L1226-15 条第 3 項を以下の規定に改める。

「(3) 当事者の一方または他方が復職を拒否する場合、裁判官は、労働者に対して賠償金を与え、その額は、L1235-3-1 条の規定にしたがって定められる。賠償金は、予告手当補償金および場合によっては L1226-14 条に規定される解雇の特別補償金を兼ねる。

第 3 章　解雇の決定に適用される手続きおよび理由づけに関する規定とその効果

第 4 条

I　労働法典 L1232-6 条最終項に以下の文言を補う。

「および使用者が解雇通知を行うために用いることのできるひな型を定める。

(5) ひな型は、各当事者の権利および義務を喚起する。」

II　労働法典 L1233-16 条および L1233-42 条に、以下の項を補う。

「(3) コンセイユ・デタの議を経たデクレは、使用者が解雇通知を行うために用いることのできるひな型を定める。

(4) ひな型は、各当事者の権利および義務を喚起する。」

III　労働法典 L1235-2 条を、以下の規定に改める。

「L1235-2 条

(1)　L1232-6 条、L1233-16 条および L1233-42 条に規定される解雇通知書において言明された理由は、コンセイユ・デタの議を経たデクレによって定められる期間および条件のもと、使用者の発意または労働者の請求により、解雇理由の通知後に使用者が明確にすることができる。

(2)　必要に応じて使用者によって明確にされた解雇通知書は、解雇理由について争訟の限定を画する。

(3)　第 1 項を適用して労働者が使用者に対する請求を行わなかった場合、解雇通知書における理由づけの不十分さが構成する手続き違反は、そのことのみをもって、当該解雇から現実かつ重大な事由を失わせるものではなく、賃金 1 ヵ月分を上限とする賠償金を受ける権利を与える。

(4)　現実かつ重大な事由を欠く場合、解雇通知書における理由づけの瑕疵から生じる損害は、L1253-3 条の規定にしたがい主張された賠償金によって賠償される。

(5)　手続きまたは実体要件の違反が手続きの過程において犯されたとき、とくに労働者の解雇が L1232-2 条、L1232-3 条、L1232-4 条、L1233-11 条、L1233-12 条、L1233-13 条で要求される手続きが遵守されなかったとき、または、労働協約上のもしくは規定上の解雇に先立つ協議手続きが遵守されなかったとき、しかしながら他方で、現実かつ重大な事由が認められるとき、裁判官は、労働者に対して使用者の負担する賃金 1 ヵ月分を上限とする賠償金を与える。

IV　労働法典 L1235-2 条の後に、L1235-2-1 条を挿入する。

「L1235-2-1 条

解雇理由が複数存在する場合において、労働者に対する非難のひとつが基本権を侵害するとき、当該契約破棄に対して与えられる無効は、労働者に対して与えられる賠償金の評価において、必要に応じて考慮するために、言明された非難のすべてについて裁判官が審査することを妨げない。ただし、L1235-3-1条の規定に反することはできない。」

（中略）

第4章　労働契約破棄の場合における提訴可能期間
第5条
労働法典第1部2巻3編5章2節1款にあるL1235-7条を以下の規定に改める。
「L1235-7条
経済的理由に基づく解雇に関するすべての異議申立ては、社会経済委員会の最後の会合から数えて、または、経済的理由に基づく解雇について争う労働者による個別の権利行使の枠組においては解雇通知から数えて、12ヵ月をもって時効とする。この期間は、解雇通知書において言及されている場合にしか、労働者に対抗することができない。」

第6条
　労働法典第1部2巻7編の単独章にあるL1471-1条を以下のとおり変更する。
①　第1項の「または労働契約の破棄」の語を削除する。
②　第1項の後ろに次の項を挿入する。
「(2)　労働契約の破棄に関するすべての異議申立ては、破棄通知から数えて12ヵ月をもって時効とする。」
③　第2項を第3項に改め、同項の「第1」

の語を「第2」に改める。

第5章　不適格を理由とする再配置に関する使用者の義務および労働医によって発せられた意見、提案、結論または指示に対する異議申立ての手続き
（略）
第6章　雇用および職業キャリアの管理に関する規定
（略）
第7章　移動休暇および協定型集団的合意解約協定の改善ならびに安定化
第10条
Ⅰ　労働法典第1部2巻3編7章に、以下の第4節を挿入する。
「第4節　集団的枠組みにもとづく双方の合意による破棄
L1237-17条
(1)　雇用・能力予測管理協定または協定型集団的合意解約協定は、労働者と使用者を拘束する労働契約の合意による破棄に関する条件およびその態様について定義することができる。
(2)　これによる契約破棄は、解雇とも辞職とも異なり、両当事者の一方または他方によって強制することができない。この契約破棄は、本節の規定に服する。

第1款　移動休暇
L1237-18条
(1)　L2240-20条第1項に挙げられる企業においては、雇用・能力予測管理協定を締結した使用者により、移動休暇を提案することができる。
(2)　移動休暇は、再就職支援措置、職業教育

活動および就労期間により、安定雇用への復帰を容易にすることを目的とする。

L1237-18-1 条

(1) 移動休暇にかかる就労期間は、休暇を提案した企業の内部または外部で実施することができる。

(2) 当該就労期間は、期間の定めのない労働契約、または、集団協定で定められた限度において、L1242-3 条第 1 号の適用のもと締結される期間の定めのある労働契約、の形式をとることができる。後者の場合においては、移動休暇は停止し、契約期間の満了後に残りの休暇期間が再開する。

L1237-18-2 条

集団協定は以下について定める。

① 移動休暇の期間。

② 移動休暇を享受するために労働者が満たさなければならない条件。

③ 使用者の提案に対する労働者の加入の方法。書面による同意の表示に関する条件および両当事者の約定を含む。

④ 就労期間の編成、休暇の終了条件、ならびに企図される再就職支援および職業教育活動の態様。

⑤ 移動休暇期間中に支払われる賃金の水準。

⑥ 従業員代表機関に対する情報提供の条件。

⑦ 労働者に付与される破棄補償金。その額は、経済的理由による解雇の場合に支払われる法定解雇補償金の額を下回ることはできない。

L1237-18-3 条

(1) 移動休暇期間中に支払われる賃金額は、L5123-2 条第 3 項に規定された手当額以上とする。

(2) 当該賃金は、本休暇の当初 12 ヵ月を限度に、L1233-72 条第 3 項に規定された再配置休暇を享受するにあたって支払われる手当と同視され、当該手当と同一の税および社会保険料の制度に服する。

L1237-18-4 条

(1) 移動休暇の提案に対する労働者の同意は、当該休暇後に、両当事者の合意による労働契約の破棄を生じさせる。本条第 1 項の適用除外により、移動休暇の枠組みにもとづく合意解約は、労働法典第 2 部 4 巻 2 編 1 章に規定された条件にしたがい、労働監督官の許可に服する。その場合、労働契約の破棄は、許可の日の翌日にしか生じない。

(2) 労働医については、契約の破棄は、労働監督医官の意見後、労働監督官の許可に服する。

L1237-18-5 条

雇用・能力予測管理協定の対象となる企業が属する地の行政機関は、デクレによって定められた条件にしたがい、移動休暇の枠組みにしたがって宣言された破棄について使用者から情報提供を受ける。

第 2 款　協定型集団的合意解約に関する集団協定の枠組みにもとづく双方の合意による破棄

L1237-19 条

(1) 集団協定は、雇用廃止の文言で協定型集団的合意解約に割り当てられた目的を達成するために、あらゆる解雇を排除する協定型集団的合意解約の内容を決定することができる。

(2) 行政機関は、前項の協定のための交渉の開始について遅滞なく情報提供がなされる。

L1237-19-1 条

協定型集団的合意解約協定は以下について

定める。

① 社会経済委員会への情報提供の方法および条件。

② 企図される退職者の最大数、それに伴って廃止される雇用の最大数および協定型集団的合意解約の実施期間。

③ 当該制度を享受するために労働者が満たさなければならない条件。

④ 退職希望者間における判定基準。

⑤ 労働者に付与される破棄補償金の計算方法。その額は、解雇の場合に支払われる法定補償金の額を下回ることはできない。

⑥ 退職希望者の申出の方法および審査方法。集団協定により定められた措置への合意文書の伝達の条件を含む。

⑦ 相応の仕事への労働者の外部再配置を容易にするための措置。職業教育、職業経験値認証、職業転換、または、新規事業の創設もしくは労働者による既存事業の引継ぎにかかる支援など。

⑧ 協定型集団的合意解約の実際の実施にあたってのフォローアップの方法。

L1237-19-2

(1) 協定型集団的合意解約の枠組みにもとづきなされた、労働者の応募に対する使用者の承諾は、両当事者の合意による労働契約の破棄を生じさせる。

(2) 労働法典第2部4巻1編1章に規定された保護規定を享受する労働者は、協定型集団的合意解約協定の規定を享受することができる。本条第1項の適用除外により、協定型集団的合意解約の枠組みにもとづく合意解約は、労働法典第2部4巻2編1章に規定された条件にしたがい、労働監督官の許可に服する。その場合、労働契約の破棄は、許可の日の翌日にしか生じない。

(3) 労働医については、契約の破棄は、労働監督医官の意見後、労働監督官の許可に服する。

L1237-19-3 条

(1) L1237-19 条に規定された集団協定は、認証のために、行政機関に提出される。

(2) 行政機関は、以下のことを確認したとき、当該集団協定を認証する。

① L1237-19 条に適合していること

② L1237-19-1 条に規定された各措置が協定型集団的合意解約協定に存在すること

③ 社会経済委員会への情報提供の手続きが適法なものであること

L1237-19-4 条

(1) 行政機関は、L1237-19 条に規定された集団協定の受領の日から数えて 15 日以内に使用者に対して認証決定について通知する。

(2) 行政機関は、同期間内に、社会経済委員会および署名労働組合に対してこれを通知する。

(3) 第1項に規定された期間、行政機関が沈黙を守るときは、認証決定に相当する。その場合、使用者は、行政機関の受領証明の付された認証申請書の写しを社会経済委員会および署名労働組合に対して通知する。

(4) 認証決定、またはそれがない場合には第5項に規定された文書、ならびに訴訟提起の方法およびその期間は、情報提供の日付を付して、職場への掲示またはその他あらゆる方法により、労働者に周知される。

L1237-19-5 条

認証決定につき管轄権を有する行政機関は、任意退職計画の対象となる企業または事業所が属する地の行政機関である。協定型集団的

合意解約協定が複数の行政機関の管轄権限に属する事業所を対象とするとき、雇用担当大臣が管轄権を有する行政機関を指名する。

L1237-19-6 条

認証拒否決定の場合において、使用者が計画の再開を望むとき、使用者は、必要な修正を施し、社会経済委員会に対して情報提供を行った後に、新たに申請を行う。

L1237-19-7 条

(1)　協定型集団的合意解約協定の実施にかかるフォローアップは、定例の社会経済委員会における詳細な協議の対象となり、社会経済委員会における意見は、行政機関に対しても通知される。

(2)　行政機関は、各措置のフォローアップに関与するとともに、協定型集団的合意解約協定の実施について、使用者によって作成される報告書を受領する。

L1237-19-8 条

(1)　L1237-19 条に規定される集団協定、協定型集団的合意解約協定の内容および行政機関の決定に先立つ手続きの適法性は、行政機関による認証決定に関する係争と異なる係争の対象とすることができない。

(2)　認証決定に対する訴訟は、L1235-7-1 条に定められる条件にしたがって提起、審理、判決がなされる。

(3)　労働契約の破棄に関するその他すべての訴訟は、労働契約破棄の日から数えて 12 ヵ月の期間内に提起されなければならない。期間経過後は不受理となる。

L1237-19-9 条

(1)　L1237-19 条に規定される集団協定による雇用の廃止が、その規模により、1 または複数の地域雇用圏に影響を及ぼすとき、1000

人以上の労働者を有する企業または事業所、ならびに、合計で 1000 人以上の労働者を雇用している企業のうち、L233-1 条に規定される企業、および、L2341-1 条および L2341-2 条に規定された条件に合致する企業は、事業創設および雇用発展に貢献すること、ならびに、企図される協定型集団的合意解約協定の当該地域雇用圏に属する他の企業への影響を緩和することの義務を負う。

(2)　前項の規定は、裁判上の更生または清算のもとにある企業には適用しない。

L1237-19-10 条

(1)　L1237-19-3 条に規定される認証の日から数えて 6 ヵ月以内に締結される、企業と行政機関との協定は、必要に応じて行政機関によって命じられる社会および地域への影響に関する調査にもとづき、L1237-19-9 条に規定される行動の費用負担およびその実施に関する性質ならびに態様を決定する。

(2)　当該協定は、当該企業で作成される雇用・能力予測管理協定および協定型集団的合意解約協定、または国と当該企業との間で締結される枠組文書の対象となる企業の任意の手続きの枠組みにおいて、先行して実施される同様の性質の行動を考慮に入れる。当該協定の内容および採択方法は、デクレによって定める。グループ、企業または事業所レベルの集団協定が、L1237-19-11 条に規定される分担金以上の額の企業側の経済的負担をともなって、同様の性質行動を規定するとき、当該集団協定は、企業の請求により、本条に定められる企業と行政機関との間の協定に取って代わる。ただし、上記請求から 2 ヵ月以内に行政機関が理由を付して反対の意を表明した場合は除く。

L1237-19-11 条

(1) 企業によって支払われる分担金の額は、廃止される雇用につき、最低賃金の 2 ヵ月分相当額を下回ることができない。しかしながら、当該企業が分担金の経済的負担能力を欠く場合、行政機関は、低い額を設定することができる。

(2) 署名協定または集団協定に代わるものが存在しない場合、企業は、第 1 項に規定される額の 2 倍の額を国庫に支払う。

L1237-19-12 条

(1) L1237-19-9 条に規定された行為は、関係する地方公共団体、商事裁判所、地方職際労使同数委員会との協議の後に決定される。

(2) 当該行為の履行は、デクレによって定められる方法にしたがい、行政機関の監督のもと、フォローアップおよび評価の対象となる。当該デクレは、協定型集団的合意解約協定によって影響を受けない地域雇用圏に属する企業の本店所在地が上記の行為に対して負う分担金に関する条件についても定める。

L1237-19-13 条

雇用センターは、当該企業との合意によって定められた条件にしたがい、地域雇用圏の再活性化に関する措置の実行に関与することができる。

L1237-19-14 条

(1) 雇用の廃止が 3 以上の県に関係するものであるとき、再活性化に関する全国レベルの枠組協定が、雇用担当大臣と企業との間で締結される。

(2) L1237-19-11 条に規定される分担金の額の決定にあたっては、廃止される雇用の総数を考慮に入れる。

(3) 上記枠組協定は、L1237-19-3 条に規定される認証の日から数えて 6 ヵ月以内に署名される。

(4) 上記枠組協定は、その署名から 4 ヵ月以内に、国の代表者と企業との間で 1 または複数の地域レベルの協定を締結される。この協定は、全国レベルの枠組協定の内容に合致する。

Ⅱ L1471-1 条の「および L1237-14 条」を以下の文言に改める。

「L1237-14 条および L1237-19-10 条」

Ⅲ 本条の適用方法は、デクレによって定める。

第 11 条

L1233-3 条最終項を以下の項に改める。

「(7) 本章の規定は、本条に掲げられた事由のひとつによる労働契約の破棄すべてに適用する。ただし、L1237-11 条以下の対象となる法定合意解約および L1237-17 条以下の対象となる集団協定の枠組にしたがった合意解約を除く。」

第 12 条

L1237-16 条を以下のとおり変更する。

① 第 2 項を以下のとおり改める。

「① L2241-1 条 3 号に規定される交渉にもとづく合意」

② 第 3 項の後に、以下の項を追加する。

「③ L1237-19 条以下に定められる条件にしたがった協定型集団的合意解約協定」

第 13 条

L5421-1 条を以下の規定に改める。

「L5421-1 条

再配置または職種転換を容易にする措置の

補足として、労働契約が、労働法典 L1237-11 条以下、建築・住居法典 L421-12-2 条、または労働法典 L1237-17 条以下に定められた方法にしたがい、合意によって破棄され、非自発的に失業した労働者であって、労働の適格性を有し、かつ、求職活動を行う者は、本章に定められた条件にしたがい、代替収入を受ける権利を有する。

第 14 条

労働法典第 1 部 2 巻 3 編 3 章 6 節 4 款を削除する。

第 2 編　経済的理由にもとづく解雇に関する規定

第 1 章　経済的事由の評価範囲に関する定義

第 15 条

労働法典第 1 部 2 巻 3 編 3 章 2 節 2 款の L1233-3 条 11 項の後に、以下の項を挿入する。

「(4)　企業の経済的困難、技術革新または競争力保持の必要性は、当該企業がグループに属していない場合には当該企業のレベルで評価され、それとは逆に当該企業がグループに属する場合には、フランス国内に設置される当該グループ内の、共通する事業部門のレベルで評価される。

(5)　本条にかかる評価にあたって、グループは、支配企業の本店所在地がフランス国内に設置されている場合には、L2331-1 条の I にしたがって定義され、それとは逆の場合には、フランス国内に設置されている企業すべてによって構成されるものとして定義する。

(6)　解雇の経済的事由を評価することができる事業部門は、とくに財や役務といった提供される商品の性質、対象とする顧客、配達

網およびその方法が同一の市場に関係していることによって特徴付けられる。」

第 2 章　経済的理由に基づく解雇にかかる再配置義務

第 16 条

労働法典第 1 部 2 巻 3 編 3 章 2 節を以下のとおり改める。

①　L1233-4 条を以下のとおり改める。

a）第 1 項に以下の文言を補う。「かつ、その組織、事業または営業場所が従業員の全部または一部の配置転換を可能とする」

b）第 1 項の後に、以下の項を挿入する。

「(2)　本条の適用について、グループとは、支配企業の本店所在地がフランス国内の場合には L2331-1 条の I にしたがって、また、それとは逆の場合にはフランス国内に設置された企業全体よって構成されるものとして定義される。」

c）最終項の前に、以下の項を挿入する。

「(4)　使用者は、デクレによって定められた条件にしたがい、各労働者に対して個別に再配置の申込みを通知する、または労働者全体に対して配置可能なポストの一覧表を配布する。」

②　L1233-4-1 条を削除する。

第 17 条

I　労働法典第 1 部 2 巻 3 編 3 章 4 節を以下のとおり改める。

①　L1233-24-2 条最終項末尾の文言「L1233-4 条および L1233-4-1 条」を「L1233-4 条」に改める。

②　L1233-24-3 条第 1 項 1 号末尾の文言「L1233-4 条および L1233-4-1 条」を「L1233-4

条」に改める。

II　（略）

第3章　解雇順位の基準
第18条
労働法典L1233-5条を以下のとおり改める。
①　第1項中の「企業委員会またはこれが存在しない場合には従業員代表委員」の文言を「社会経済委員会」に改める。
②　第8項を以下のとおり改める。
　「(4)　解雇順位の基準の適用範囲は、集団協定によって定めることができる。」
③　第9項を以下のとおり改める。
　「(5)　上記の合意が存在しない場合、この範囲は、当該企業の雇用の削減の対象となる1または複数の事業所が設置される雇用区域の範囲を下回ることができない。」

第4章　独立の経済主体による再稼働の促進
第19条
労働法典第1部2巻3編3章6節1款、L1233-61条第3項中の「L1233-71条に規定された企業において」および「L1233-57-19条に規定された条件にしたがって」の文言を削除する。

第5章　社会経済委員会を設置することの経済的解雇に関する規定への影響
第20条
　労働法典第1部2巻3編3章を以下のとおり改める。
①　L1233-8条を以下のとおり改める。
a）第1項中の文言「従業員50人以上の企業においては企業委員会、従業員50人未満の企業においては従業員代表委員」を「従業員11人以上の企業においては社会経済委員会」に

改める。
　b）以下の項を追加する。
　「(2)　社会経済委員会は、協議のための最初の会合の日から数えて1ヵ月の期間内に意見を表明する。この期間内に意見を表明しない場合、経済社会委員会は、協議がなされたものとみなされる。」
②　L1233-10条に以下の項を補う。
　「⑦　場合によっては、健康、安全または労働条件に関する解雇計画の影響」
③　L1233-21条中の文言「適用される企業委員会への情報提供および協議の態様」を「委員会および、場合によっては社会経済委員会による鑑定の依頼に関する枠組み」に改める。
④　L1233-22条を以下のとおり改める。
　a）第1項中の文言「企業委員会」を「社会経済委員会」に改める。
　b）以下の項を追加する。
　「③　社会経済委員会が鑑定を依頼することができること。」
⑤　L1233-24-2条をいかのとおり改める。
　a）第1号中の文言「企業委員会」を「社会経済委員会」に改める。
　b）以下の項を追加する。
　「⑥　場合によっては、健康、安全または労働条件に関する解雇計画の影響」
⑥　L1233-26条第1項中の文言「企業委員会に関する法律に服する」を「常時50人以上の労働者を雇用する」に改める。
⑦　L1233-27条第1項中の文言「企業委員会に関する法律に服する」を「常時50人以上の労働者を雇用する」に改める。
⑧　L1233-30条を以下のとおり改める。
　a）「企業委員会」の文言を「社会経済委員会」に改める。

ｂ）Ⅰの第2号に、「および、場合によって
は、健康、安全または労働条件に関する解雇
計画の影響」の文言を補う。

ｃ）最終項を削除する。

⑨　L1233-31条に以下の項を補う。

「⑦　場合によっては、健康、安全または
労働条件に関する組織再編の影響」

⑩　第2目表題中の文言「会計士」を「鑑定
人」に改める。

⑪　L1233-34条を以下の規定に改める。

「L1233-34条

(1)　従業員50人以上の企業において、解雇
計画が30日の期間内に10人以上の労働者を
対象とするものであるとき、社会経済委員会
は、同委員会の中で構成される分会の提言に
もとづき必要に応じて、L1233-30条に規定さ
れる最初の会合に際して、経済および会計の
領域ならびに労働条件に関する計画の潜在的
影響に関与する門家の利用について決定する
ことができる。

(2)　鑑定人が第1項に掲げた1または複数の
領域に関与するとき、鑑定の実施方法および
その条件は、コンセイユ・デタの議を経たデ
クレによって定める。

(3)　鑑定人は、L2315-78条に定められる条件
にしたがって補佐を受けることができる。

(4)　社会経済委員会は、L1233-24-1条に定め
られた交渉を行うために労働組合組織に対し
有用な分析をもたらすことを目的に、鑑定人
に委任することができる。

(5)　鑑定人の報告書は、遅くともL1233-30
条に定められる期間満了15日前に社会経済
委員会および必要に応じて労働組合に対して
提出される。」

⑫　L1233-35条を以下の規定に改める。

「L1233-35条

社会経済委員会によって指名された鑑定人
は、使用者に対して、指名から遅くとも10日
以内に、任務の実行に必要と判断するすべて
の情報を請求する。使用者は、この請求に8
日以内に応答する。鑑定人は、必要に応じて、
使用者に対して補足的な情報を10日以内に
請求し、使用者は、鑑定人による請求がなさ
れた日から数えて8日以内にこの請求に応答
する。」

⑬　以下のとおりL1233-35-1条を新設する。

「L1233-35-1条

鑑定人に対するすべての異議申立ては、
L1233-57-4条に定められる認証または認可の
申請が提出されるまでに、行政機関に対して
なされるものとし、行政機関は5日以内に判
断する。行政機関による決定は、L1235-7-1条
に定められる条件にしたがい、異議申立てを
行うことができる。」

⑭　第3目表題中の文言「中央企業委員会」
を「社会経済中央委員会」に改める。

⑮　L1233-36条を以下のとおり改める。

ａ）「中央企業委員会」の文言を「社会経済
中央委員会」に改め、「事業所委員会」の文言
を「社会経済事業所委員会」に改める。

ｂ）第2項中の文言「会計士」を「鑑定人」
に改める。

⑯　L1233-37条中の文言「中央企業委員会」
を「社会経済中央委員会」に改め、「会計士」
を「鑑定人」に改める。

⑰　L1233-50条中の文言「企業委員会」を「社
会経済委員会」に改め、「会計士」を「鑑定人」
に改める。

⑱　L1233-51条中の文言「中央企業委員会」
を「社会経済中央委員会」に改め、「会計士」

を「鑑定人」に改める。

第3編　特別な労働形態の利用に関する規定
の改正
（略）
第4編　労働裁判所の強化
（略）
第5編　労働法典 L1234-9 条に規定された解
雇補償金の支払い条件の変更
第39条
労働法典 L1234-9 条第1項中の文言「連続す
る1年の勤続」を「連続する8ヵ月の勤続」
に改める。

第6編　経過規定
（略）

JILPT　資料シリーズ　No.211
　　　　フランス労働法改革の意義と労使関係への影響
　　　　　　　　　　　　定価（本体1,500円＋税）

発行年月日　　2019 年 3 月 29 日
編集・発行　　独立行政法人 労働政策研究・研修機構
　　　　　　　〒177-8502　東京都練馬区上石神井 4-8-23
　（照会先）　研究調整部研究調整課　TEL:03-5991-5104
　（販　売）　研究調整部成果普及課　TEL:03-5903-6263　FAX:03-5903-6115
印刷・製本　　有限会社　太平印刷

©2019　JILPT　　　　　　　　ISBN978-4-538-87211-7　　　Printed in Japan

＊ 資料シリーズ全文はホームページで提供しております。（URL:https://www.jil.go.jp/）